让孩子们都来做课题

——沙坪坝区学生小课题研究课程管理与课堂指导

主　编　袁　宇
副主编　余朝利　陈　彦　王　一　汪　姝
编　委　罗成龙　向　红　尹　梅　刘懿漫　徐明旻
　　　　涂蓝月　付秋平　谭　索　张　霞　罗　露

四川大学出版社

责任编辑:梁　胜
责任校对:胡晓燕
封面设计:米迦设计工作室
责任印制:王　炜

图书在版编目(CIP)数据

让孩子们都来做课题：沙坪坝区学生小课题研究课程管理与课堂指导 / 袁宇主编. —成都：四川大学出版社，2016.3
ISBN 978-7-5614-9370-0

Ⅰ.①让…　Ⅱ.①袁…　Ⅲ.①活动课程-教学研究-小学　Ⅳ.①G622.3

中国版本图书馆 CIP 数据核字（2016）第 064637 号

书名　**让孩子们都来做课题**
——沙坪坝区学生小课题研究课程管理与课堂指导

主　　编　袁　宇
出　　版　四川大学出版社
地　　址　成都市一环路南一段 24 号 (610065)
发　　行　四川大学出版社
书　　号　ISBN 978-7-5614-9370-0
印　　刷　郫县犀浦印刷厂
成品尺寸　170 mm×240 mm
印　　张　12.5
字　　数　228 千字
版　　次　2016 年 4 月第 1 版
印　　次　2016 年 4 月第 1 次印刷
定　　价　38.00 元

◆读者邮购本书,请与本社发行科联系。
电话:(028)85408408/(028)85401670/(028)85408023　邮政编码:610065
◆本社图书如有印装质量问题,请寄回出版社调换。
◆网址:http://www.scupress.net

序

伴随着第八次课程改革，综合实践活动被正式列入国家课程计划已整整15年，也在艰难探索中实施了15年。在越来越强调创新发展的今天，综合实践活动课程承载着培养学生实践能力、综合素养、创新精神与社会责任感的重要使命。这门课程是实施《国家科学技术中长期发展规划纲要》的重要配套措施之一，是从小学三年级到高中三年级每周三课时的必修课程。该课程在第八次课程改革开始就成了亮点，在2011年义务教育课标修订和近两年的高中课标修订中又强调了其重要性。

看到沙坪坝区教育委员会袁宇副主任和他的研究团队编撰并即将出版的《让孩子们都来做课题——沙坪坝区学生小课题研究课程管理与课堂指导》一书，我感到非常欣喜。

本书的研究成果直接来源于沙坪坝区教育工作者15年的实践探索。在全国综合实践活动课程实施研讨会上，该成果曾被参会者做为主题，进行交流。重庆市也先后多次召开现场交流会，对其进行推广，但一直未能成书。现在，在反复总结提炼和适当借鉴的基础上，形成了本书，值得祝贺！

初读全书，感到主旨闪亮。沙坪坝区以学生小课题研究模式推进综合实践活动课程常态、规范、有效地实施，这一做法值得充分肯定。综合实践活动课程是一门探究性课程，也是尚未成熟的新课程，其最重要的是引导学生探究，最缺乏的是规范常态的操作方法，最担忧的是实施效果。因此，以小课题探究为载体，常态实施，突出规范，强调有效，是研究解决综合实践活动课程的核心问题，体现了成果的核心价值。

再度阅读，感到本书有如下特点。

第一，目的明确。沙坪坝区教育委员会要求全区小学以学生小课题研究为载体实施综合实践活动。3—6年级每周开设1～2节小课题研究指导课，教师人人指导、学生个个参与，达到教师易导、学生爱学、效果实在的“规范常态”水平。全区小学应力求通过认真实践与持续改进，让学生小课题研究活动规范、深入地开展起来，使教师获得指导学生小课题研究的方法策略、学校形成评价管理该课程的常规方法、全区学生人人经历小课题研究全过程并逐步学会自主进行小课题研究，以此全面实现综合实践活动课程价值。

第二，理论简明。本书明确提出以学生小课题研究为载体的“四为主”课程实施架构，即以儿童兴趣为主导，以问题解决为主题，以学习常用研究方法为主线，以实践能力与创新意识发展为主旨，通过对研究主题在整体关注下的多向度分解，全面整合了综合实践活动四大指定领域与非指定领域的内容，注重对研究主题在整体设计下的具体任务与实践方式的匹配，实现以研究为主，社会实践和社区服务活动、技术实践和劳动实践等多种实践方式的有机组合，丰富、充实综合实践活动理论与实践模式；力求以本门课程的实施，积极影响学校探究课程文化的形成。

第三，清晰实用。本书着力解决小课题研究课堂指导的若干具体问题。书中有供每位教师使用的《小课题研究课堂指导教案集》，在每个小课题研究的3个阶段构建起了研究启动课、课题选择课、研究策划课、资料搜集课、资料整理分析课、成果表达课、成果交流课、总结反思课这8种基本课型规范，并编写了小课题研究全过程大致需经历的16～17课时的教学指导基本方案，明确了每种课型中的教师任务、学生学习方法、家长配合方式和相应的具体能力目标指向，将能力生根与教学任务结合起来，将能力达成动作化、行为化、任务化，让教师、学生有“法”可依，从模仿走向创新。同时，本书给每个课题组提供了《学生小课题研究过程管理与评价手册》样本，每组一册，每期一册，期末回收入档。这较好地规范了学习过程记录，可作为孩子们的研究成果放入综合素质评价档案袋中。相信每位教师能够借助本书引导并教会每一个孩子学会做小课题研究，同时，对提升自身的研究素养也将大有帮助！

李常明
2016年1月17日

目　录

理论篇

学生小课题研究的基本构想与实践策略…………………………………………（003）

管理篇

（一）沙坪坝区小学生小课题研究课程管理与实施指导意见 ……………（027）
（二）沙坪坝区小课题研究展评标准 ………………………………………（031）
（三）学校管理手册范例（树人小学小课题研究课程管理手册） ………（032）

指导篇

（一）小课题研究课堂指导基本操作模式 …………………………………（059）
（二）小课题研究课堂指导教案集 …………………………………………（061）

成果篇

（一）小课题研究成果完整呈现样例 ………………………………………（103）
（二）优秀小课题研究报告 …………………………………………………（126）
后　记……………………………………………………………………（188）
主要参考文献……………………………………………………………（190）

让孩子们都来做课题

LILUNPIAN

理论篇

学生小课题研究的基本构想与实践策略

一、综合实践活动课程实施中存在的问题

由于对综合实践活动课程认识不统一、管理制度不完善、教师培训不充分、缺乏资源和有效的政策支持等原因，综合实践活动课程实施举步维艰，其实施的有效性亟待提高。[①] 其实，比较日本和我国台湾地区的综合实践课程，也反映出很多共性的问题。正如台湾地区成功大学教育研究所所长、课程纲要“综合活动学习”领域研修小组召集人李坤崇教授在 2008 年“无锡会议”上所言，综合实践活动课程面临着如下共同的危机：（1）升学压力下，课程逐渐被压缩或形式化。（2）社会大众与教师不清楚新兴课程的内涵。（3）教育行政体系的支持度不高，无法贯彻课纲。（4）推动的教授、教师均相当辛苦，但成效不显著。

在笔者看来，当前综合实践活动课程的问题主要表现在以下相互联系的三个层面上。

（一）理论层面的问题

1. 课程价值需进一步明晰

我国综合实践活动课程独特的价值体系尚未建立起来，主要体现在课程目标不够细化，整体上缺乏梯度设计，致使教师难以把握和评价综合实践活动课程；综合实践活动课程仍然是无课标、无教材（教参）、无专职教师的“三无”课程。

2. 课程内容体系尚不够成熟

课程中的研究性学习、劳动与技术教育、信息技术教育、社区服务与社会实践的四个领域内涵分别是什么、联系在哪里、还能否具体化等问题，还没能得到有效解决。

---

① 冯新瑞、王薇：《我国综合实践活动课程实施现状调研报告》，http://www.chinazhsj.com

3. 综合实践活动的课程化问题

将综合实践活动课程化还需要做出诸多探索，其中存在的问题有：课程的知识架构不完善，课程实施中尚未足够重视对课堂教学的深入研究，课程配套资源严重不足等。

（二）政策层面的问题

1. 课程在区域、学校两级行政层面的整体推进力度不够

教育行政部门没有建立对综合实践活动课程执行情况的监督评价机制。学校层面没能从整体角度进行课程开发、规划和实施综合实践活动课程，大多数学校没有课程实施的相关保障制度，没能很好地思考如何让综合实践活动课程更好地体现学校特色，也不够重视其与校本课程开发相结合的问题等。

2. 课程学习的评价问题

学生学习、教师教学的质量标准是什么，其是否纳入，及如何纳入中、高考等现行升学体系这些问题如得不到解决，就难以赢得家长、社会的充分支持。

3. 对课程指导教师的政策不明确

从事综合实践活动课程教学的教师职称评定和工作量认定难，学校对综合实践活动课程的教育研究人员、指导教师的配备、安排比较随意，大多数区县级没有配置综合实践活动课程教研人员，即使有也是身兼数职。

4. 课程实施与校园安全的冲突未能有效解决

安全是教育的底线，“人之不存，教育何存?”当前各级领导层层签署安全责任状，学校又与教师签订安全责任书，压力之大可想而知。教育管理部门若不给校长、教师松绑，不建立健全的安全责任风险分担制度，不建立相应的责任保险与赔偿制度，教师将会很难大胆地放手让学生去调查、访问、参观。这样一来，就让原本非常精彩、富有生命力和教育意义的活动构想，在与校园安全的冲突下只好被放弃。

（三）实施层面的问题

通过对重庆市沙坪坝区多所学校的调查，发现课程实施主要有如下8种问题。

1. 形式化倾向

学校大都缺乏整体的课程规划，不少学校开课有装点门面与应付之嫌。如：有的学校虽将综合实践活动课程上了课表，但课时不足、被占用现象较严重；有的学校干脆不上课表；有的学校“集中火力”用一两个老师做一两个课题来应付检查，参加比赛，既收了名利，又不用花多大工夫，不过直接导致学生参与面严重不足；有的学校做做停停，不能持续下去；有的学校用兴趣班、

传统活动取而代之；等等。

2. 学科化倾向

课程实施的学科化倾向表现为：其一，将课程四大指定领域——研究性学习、劳动与技术教育、信息技术教育、社区服务与社会实践分科设置。其二，以学科教学方式实施综合实践活动课程，不重视实践活动的过程与体验，只在教室教，不重视亲历现场。教师课程教学，大多是让学生在网上搜集资料，做文献资料研究，最后导致他们仅积累了一些零散的、粗浅的间接经验。其三、将综合实践活动直接变成学科拓展活动。

3. 体验表层化倾向

有的学校单一地注重活动过程体验，缺乏活动目标设计，而且缺乏对学生体验的及时提升，导致学生的深度体验不够。在课程实施过程中，教师缺乏有效的方法指导，研究方法的规范性也不够，让学生最后仅获得一些比较肤浅的实践体验。

4. 课程内容太窄，实践方式单一

很多学校仅限于开展传统活动、班队活动等，这样一来，学生参加的主题活动过于单一，不能平等对待自然、社会、自我三个领域，也不能很好地整合资源，这会导致学生始终重复探究某一类型的问题，或只会用某一种实践方式开展活动。如有的学校仅开展小发明、小制作活动，重复相同的活动体验。

5. 成人化倾向

实践中仅由教师设计或提供主题进行选择，导致成人（教师）代替选题、代替研究，甚至代替总结等现象较为明显，导致主题过分成人化。有的教师还追求过高的知识目标或研究成果，超过了学生的能力范围。

6. 预设主题倾向

教师依赖预设性教材，基本上是一课一课地教教材（或资源包）。[①] 调查表明，约四分之三的教师（75.2%）在指导学生开展综合实践活动的过程中，使用了文本资源——资源包。还有的学校规定一个年级一个主题，每学期集中几天时间完成。如果这样，学生的问题意识永远没有孕育的空间。而且，由于综合实践活动课程内容的开发要利用当地课程资源，因而一部分学校在课程内容开发过程中狭隘地将“乡土课程”当作综合实践活动课程内容的现象屡见不鲜。

7. 课程评价内容、方式不明晰

综合实践活动课程作为一门新设置的经验性课程，在如何判断实施效果，

---

① 冯新瑞、王薇：《我国综合实践活动课程实施现状调研报告》，http://www.chinazhsj.com

如何认定学生的学习程度，运用什么手段激发学生对该课程的兴趣等方面，都要通过对课程进行科学的评价来实现。当前学校普遍缺乏对学生在该课程上发展的具体评价指标，评价方式不明确，以致看不到学生发展的实际程度。

8. 教师指导策略缺失

由于缺乏系统培训，教师因“不会教”造成“不愿教”的情况明显。如由于教师对该课程价值定位模糊，专业素养不足，导致自身角色不清晰；教师如何管理和指导主题实践活动全过程完全无具体参照规范；教师制定的教学目标针对性不强，对困难的预想不足，缺乏系统的方法论指导，以及对过程观察不够，及时的、必要的指导不够；等等。

总之，综合实践活动课程实施仍然尚未成为常态，规范程度较低，实施的有效性难以保障。究其原因是多方面的，其中主要原因是教育行政机构的政策保障不够，教研机构的课程建设力度不够，学校对课程领导力缺失，一线教师的课程执行力不足等。基于对上述问题的分析，借鉴我国上海等地研究性学习领域的研究成果与实践经验，吸收、结合国外和我国台湾地区等主题探究或课题研究等相关成果，通过十余年的实践，我们提出了以学生小课题研究为载体的课程实施模式。

二、学生小课题研究的内涵及特征

（一）学生小课题研究的内涵

1. 学生小课题研究的概念

学生小课题研究是指学生在教师的帮助下，从自身学习、生活、自然、社会中去自主选择和确定研究主题，并围绕这个主题模拟科学研究的基本规范与过程，以此来进行学习、体验，发展实践能力的一种课程形式。小课题研究的“小”字，主要有三层含义：一是研究者年龄小，多是6～12岁的小学生；二是要求课题的切入点小，尽量选择贴近学生学习、生活的现实问题作为研究对象；三是课题研究的难度应适当，对研究成果不应有过高的要求，因为作为学习研究，指向的是方法的掌握与科学素养的提高。学生小课题研究正是借鉴我国上海等地研究性学习领域的研究与实践经验，吸收国外和我国台湾地区关于主题探究或课题研究的相关成果的基础上提出的。笔者认为，在当前综合实践活动课程实施受阻的情况下，必须找到一种主导的课程实施模式，便于建立规范，拒绝盲目，突出实效。让所有教师先顺利进入课程实施，待熟悉、熟练以后，再发展改进，进一步提高效率。小课题研究这种课程形式完全承载了综合实践活动课程理念，是当前可优先选择的一种实施模式。

2. 学生小课题研究的基本过程

查德等人在关于以设计为本位的学习研究中提出了“三五”模型，即此类学习一般分为三个阶段：课题计划与启动，课题实施，课题反思与结论；五个“结构要素”：“讨论”“现场工作”“研究”“表现”“展示”。[①] 我们认为，学生小课题研究一般要经历如下三个阶段：一是进入情景提出问题阶段。这个阶段要求以学生兴趣为主导，每个人都可以提出感兴趣、很想研究解决的问题，以此培养问题意识。但要注意，并不是任何问题都能成为研究课题，除了自身感兴趣之外，还要衡量这个问题是否贴近生活，是否有意义，是否视角独特、有创意，是否选材小、可操作。每个问题都须经过这样的认真论证，方能立项。二是开展研究和实践阶段。这个阶段要求学生经历制定研究计划、分工合作搜集资料、设计实验证明猜想等过程，力图培养学生组织策划、合作交往、自主搜集信息等能力，并完成一些研究方法的学习。三是成果表达交流阶段。这个阶段要求学生经历整理分析资料、形成结论并创造性地表达研究成果等过程，以此培养分类整理资料、分析数据、创意表达等能力。并且，教师要引导学生在此阶段注重反思研究过程，提升科学精神与社会责任感。

（二）小课题研究的基本特征

1. 全方位整合

学生小课题研究不仅仅限于研究性学习领域，而是通过对与主题紧密联系的自然、社会、自我三维度的整体关注，围绕研究主题进行多向度分解，既要实现课程内容规定的研究性学习、劳动与技术教育、信息技术教育、社区服务与社会实践的四大领域整合，又要有效地与学校传统活动、班团队活动、心理健康教育等非指定领域整合，还要在多学科知识的整合应用中，实现学生已有实践智慧的整合。

在学生提出感兴趣的课题的驱动下，引导学生通过课题分解，兼顾人与自然、人与社会、人与自我的关系，形成对自然、社会和自我之内在联系的整体认识。其实，无论学生选择的课题是自然问题、社会问题还是与自我相关的问题，关键的还是教师要能依靠自己的教育智慧与创造性，在每一个主题活动的开展中都对这三个方面作整体关注，并作一些多向度分解，只是有所侧重罢了。

案例一：低年级学生选择的课题——“我们的校园”。

教师引导学生做如下分解：以自然维度分为学校的地理位置（做分布图、

---

① 转引自张华：《让儿童自由探究生活——关于深化“综合实践活动课程”的思考》，长沙会议讲稿，2007年。

平面图），绿化情况（做绿化模型，做校园花草、树木种类、特征的研究）等；以社会维度分为学校的历史文化变迁（如校史研究，实地走访校友等）；以学校的教育教学特点、班级学生风貌等（如课程设置与学生喜欢程度调查）自我维度分为我们的学校生活（我们的午餐），我是小小管理者（查找校园安全隐患，大课间下楼路线设计等），我为学校做什么（树人校服我设计，树人校门我设计等）。这样，喜欢做自然类、社会类、与自我的关系类子课题的学生就能各得其所，最后还可以形成对这个问题的整体认识，感受集体研究的力量。

案例二：我与胡萍、贺敏老师一起指导的中年级孩子关于“符号”的课题研究。

学生最后是这样汇报展示他们研究的成果和过程的：

一天，老师在黑板上写了几个问题，每一个问题都会出现一个相同的词组。我们发现，老师觉得这样重复写很浪费时间，于是就在每次写这个词时用“∽”来代替，结果写得很快。于是有的同学就问：“老师，‘∽’是什么意思？”老师说：“这只是个符号，代替那几个字。就像你们语文中学习的‘日’子代表太阳，英语中却用‘sun’代表太阳，‘日’和‘sun’都是符号。”老师的这番话引起了我们的思考：汉字怎么是符号？数学里有没有符号？那还有哪些符号？什么叫符号？符号是怎么产生的？符号有哪些作用呢？很多关于符号的问题自然跳了出来，于是我就和一些同学商量，研究这个精彩的符号王国是怎么回事。

（1）我们首先从网上搜索，查到符号的含义，即指代某种事物的标记。

（2）于是我们把 24 名同学分成了 6 个小组，每个小组调查 1～2 种符号。结果，我们发现了符号王国的巨大秘密。

（3）接着我们研究了学科中的符号。

第一，有人研究了语文中的标点符号，每种标点符号都表示了不同意义，如逗号表示停顿，句号表示一句话结束，感叹号表示强烈的情感，问号表示疑问，等等。

第二，有人专门研究了文字符号，发现中国的文字起源于图画，是后来人们把记事图画经过简化、整理、充实形成的，比如日字的演变：

甲骨文　金文　小篆　隶书　楷书

后来逐步有了语音，并能代表具体的语言成分，于是人们就创造了文字。文字可以记录、书写语言，使语言由可听的符号变成了可看的符号，从而帮助人们扩大了交际范围。

第三，研究组中有喜欢数学的同学，他们发现了数学符号的秘密：在远古时候，人们捕获了一头野兽，就用1块石子代表，捕获了3头，就放3块石子。这些办法用得多了，就逐渐形成数的概念和记数的符号。现在数学符号这个大家庭里的成员越来越多，比如“+”“−”“×”“÷”这些运算符号。“+”“−”的来历：在中世纪后期，欧洲商业逐渐发达，一些商人常在装货的箱子上画一个“+”，表示重量超过了一些，画一个“−”表示重量略微不足。（如右图）公元1489年，德国人威德曼在他的著作中正式用这两个符号来表示加、减运算。通过调查，我们发现数学符号其实是一种表达数学语言的特殊文字。

结果，这时喜欢音乐的同学产生了疑问：这个1、2、3在音乐中表示的是do、re、mi，同样的符号还能表示不同的含义吗？再进一步研究、思考，发现音乐中还有好多符号呢。

（4）几周过去了，我们对符号有了很多了解，非常兴奋。老师却问我们：难道只有学科中才有符号吗？哦，我们明白了，生活中一定也有用于指代某种事物的标记。于是我们又开始了对生活中的符号的探索。

（5）我们再次分组，研究生活中的符号。有的同学马上想到：在我们学校也有一个很显著的标志，那就是“树人”的校徽：这个标志告诉我们十年树木，百年树人这个道理。

后来老师还要求我们仿照校徽设计了我们班的班徽如下：

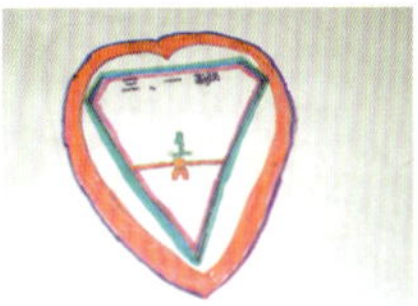

还有的同学发现在日常生活中，到处可见的是商标。他就把自己家里的车的标志照下来，又在网上搜索到了一些车标。他还得意扬扬地考我们那些是什么车的标志，每个标志有什么含义，等等。他还告诉我们，这些标志符号一旦被使用就不能轻易更换，标志这种符号最大的作用在于帮助人们识别品牌与商家。

有的同学发现校园主干道上有一个交通标志（如右图），一问才知道这个交通标志代表“禁行”，于是他查了交通规则的书籍，记住了很多标志的含义，现在是我们课题组中最专业的“小司机”呢。

还有的同学发现了手机里有很多表情符号非常可爱。

还有的同学发现，世界上不同国家使用的钱都有不同的货币符号代替：比如人民币、英镑、美元等。

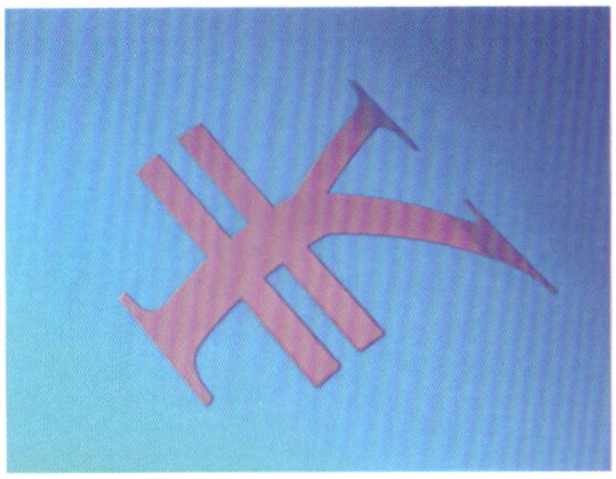
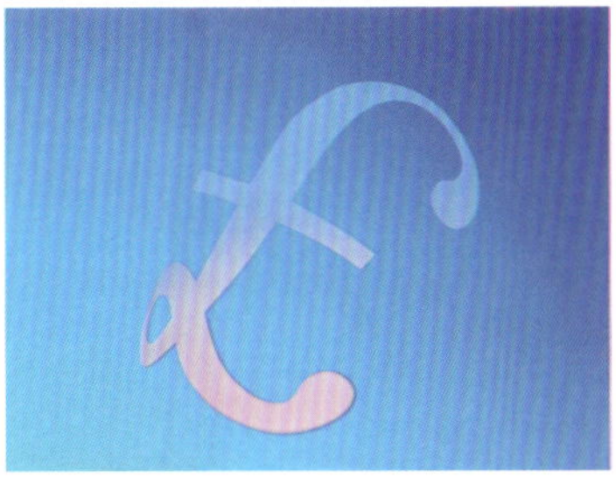

不管哪个国家的人看到这些符号，都知道代表什么意思，符号真神奇呀！

（6）当我们把这些发现在班上进行交流时，大家都睁大了眼睛，听得可认真了！老师这时候又说：你们能不能把这些资料分分类，看看有什么共同点，再想个什么办法把他们串起来呢？

（7）我们就根据这些符号的作用，把它们进行了归类：一类是学科中的符号，一类是生活中的符号。这些符号都是指代某种事物的标记。然后，我们把它们像项链一样串起来，每种不同的符号都像一颗珍珠，真是好漂亮呀！①

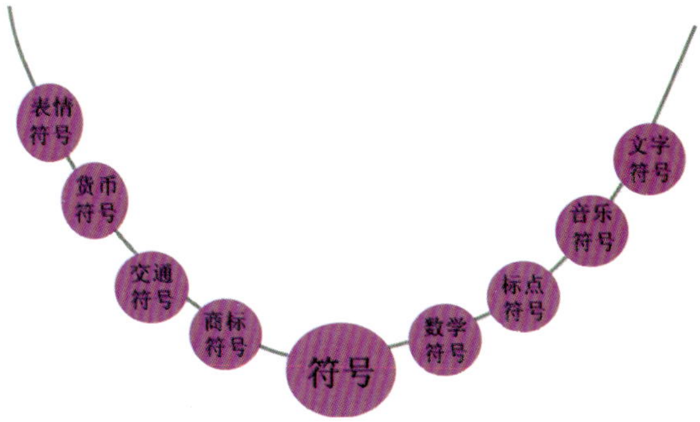

教师其实完全可以做到用自己的智慧将任何一个主题向不同学科分解，哪怕是“符号”这样一个抽象的主题，也完全能与生活发生紧密的联系。因为，世界本来就是一个整体。

2. 多样化实践

学生小课题研究是以研究为主，但不限于研究的实践方式。它是通过对主题在整体设计下的具体任务与实践方式的匹配，在综合运用多学科知识解决问题的过程中，实现研究与社会实践和社区服务活动、技术实践和劳动实践等多种实践方式的有机组合，有助于消除盲目实践、浅层体验，形成以探究为核心的课程文化。

《综合实践活动课程指导纲要》（以下简称《纲要》）指出，本课程学习主要采取三大类实践学习活动：一是以研究为主的方法和过程，包括制定方案、调查、访问、观察、实验、统计、信息收集与处理等；二是以社会实践和社区服务活动为主的方法和过程，包括参观、考察、服务、宣传、义务劳动、经济活动等；三是以技术实践为主的方法和过程，包括技术实践和劳动实践两大类，具体有设计、制作、研制、种植、养殖、信息发布，以及科技小发明、小创造等技术实践，鼓励学生的创新意识。华东师范大学张华教授认为：人类的一切探究活动都是基于“世界是什么”和“世界会好吗”这两类问题展开的。第一类是探究“世界是什么”与“为什么”，如“设计本位学习”（project-based learning）与“研究性学习”等，是“事实形态的”综合实践活动，其探究途径一般为提出问题—形成课题—提出假设—验证假设；另一类则是探究“世界怎么样”与“会更好吗”，如“服务学习”（service learning）与“社区服务与社会实践”等，是“价值形态”的综合实践活

① 赵伶俐等：《文理艺大综合》实验教材小学中段第19课《符号王国》，中华书局2005年版，第1页。

动，实施这类综合实践活动的基本途径也可称为一种探究，即体验生活情境—发现问题—服务行动—反思行动经验。①

其实，在探究了“世界是什么”之后追问“世界会好吗”，进而发现完善世界的行为，“事实形态”的探究活动的价值就会获得充分发挥；在从事旨在“使世界更好些”的反思性行动之后追问“世界的本质是什么、问题的根源是什么”，由此使自己的行动更深刻、更理性，“价值形态”的实践活动会变得更有力量。所以我们认为，“纲要”提出的三类主要的实践方式完全可以以探究的方式展开，并且不应当完全独立看待它们，而是应融合或适当组合起来开展，这样学生的体验会更加全面。只是实践中要根据课题的特点、学生兴趣所在和教师个人专长的不同，在实施过程中以某种方式为主罢了。

案例三：4 年级学生对“十字绣”研究。

我校 4 年级有些学生喜欢“十字绣”，于是教师就组织这些学生成立了研究“十字绣”的小课题组。一学期下来，不仅每个学生都进行了“十字绣”的基本技能学习，还合作完成了一幅“十字绣”作品。此外，了解“十字绣”的历史，分析它与中国“四大名绣”的关系。每一个学生要搜集大量十字绣作品图样，进行分类。他们参观了一个绣品加工厂，两个“十字绣”商店，采访店主，了解了销售情况。作品完成后，教师不仅要求学生制作电脑课件发布研究报告，还要创造性地开展自己“十字绣”制品的发布会、推介会、时装展示等。更为重要的是，教师引导学生将自己的十字绣作品通过义卖或是捐赠的方式，给四川崇州地区对口学校献去爱心。

事实上，这些任务比较容易做到。这里面既有基本技能学习，又有对主题相关知识和历史的了解、带着目的和问题的参观访问、信息技术的应用、创造性的设计与表达，而且还渗透了以学会关心为核心的道德教育与道德实践。如此，让孩子探索“世界与自己的生活是什么”的同时去思考“世界与自己的生活如何才能变得更好”，将研究、思考、实践结合起来，将多样化实践方式自然融合在各种任务中，而不是单纯地为了研究而做研究，为了技术而学技术，为了实践而去实践。

3. 全员参加，全程设计

全员参加，全程设计，一方面是指对小学 1—6 年级学生小课题研究进行整体规划，梯度设计，确保学生人人参加。1、2 年级分班开展小课题研究活

① 张华：《让儿童自由探究生活——关于深化“综合实践活动课程”的思考》，长沙会议讲稿，2007 年。

动，学习内容由教师推荐，学生选择。其重点是要让学生熟悉“小课题研究”这种学习形式，经历小组合作研究解决问题的过程，初步体验一些常用的研究、实践方法。3—6 年级则完全以学生兴趣为主导提出课题，形成课题组，不预设任何主题，分课题组开展活动，进行评价。另一方面是指对研究过程进行全程设计，改造课程组织形式，做到教师人人指导，寻求系统的课堂操作行为。学生在一个小课题研究的全过程中经历并实现自选课题、自选教师、自组团队、自主策划、自主解决、自主表达，最后初步学会自主研究小课题。

三、学生小课题研究的基本构想

研究表明，在实践能力的核心构成要素中，实践兴趣是人从事实践活动的原动力；能否理性地依据主、客观条件的现实状况做出正确的实践选择，对于实践活动的成败至关重要；具备高水平策划力的实践者总是能够依据问题情境的变化特点，制定高效、可行的解决方案，从而提高问题解决的质量和效率；还有实践者的专项技能、资源分配能力和意志品质是决定其执行力发展水平的重要因素。[①] 经过 8 年的实践研究，针对综合实践活动课程实施中的问题，我们提出了以“学生小课题研究”为载体的综合实践活动实施构想。这是一种以儿童兴趣为主导，以问题解决为主题，以常用研究方法（技能）的体验学习为主线，以多种实践能力发展为主旨的基于一个学校的综合实践活动课程“四为主”而实施的构想。

（一）以儿童兴趣为主导

针对课程实施中预设主题倾向与成人化倾向，我们提出，小课题研究不预设任何主题，一切以学生兴趣为主导，按兴趣形成课题组，让孩子自由探究生活。这才是小课题研究的核心理念与追求！我们强调儿童兴趣导向，突出让学生自由选择，让学生面对真实的生活，带着感兴趣的问题去开展研究、去参加劳动、去动手制作，学习运用信息技术参加各种实践活动，唯此，才是真正的自主探究学习。在整个教学过程中，教师必须着力保护与培养孩子们自主思考、自主实践的意识与能力。我们通过改造组织方式，实现学生 6 个自主，即自选课题，自选教师，自组团队，自主策划，自主解决，自主表达。

1. 自选课题

兴趣是最好的老师！由此，我们提出了“小课题”选题的三原则与四途

---

① 刘磊：《实践能力由哪些核心要素构成——来自对 30 位“实践高手”的跟踪访谈》，www.chinazhsj. com 2009.7

径。三原则是指以儿童兴趣为首、儿童力所能及、兼顾教师特长，这样可以确保课题由学生提出或至少由学生选择，实现学生人人研究小课题，教师人人指导小课题。学生“小课题”的基本来源途径为四种：低年级学生主要采用引导立题与改编立题的方式，中、高年级学生主要采取自主选题与生成课题的方式。引导立题是由教师或学生提供新闻、时事资料或城市、社区、学校特点与发展状况，因时制宜，就地取材，教师只需根据学生自己的兴趣点，引导其立题。改编立题是由教师提供上一学年或学校推荐的研究问题目录，学生选用后进行深化研究或改编确定。这种方法比较适合低年级采用，逐步由扶到放，自主选题。自主选题是每个学生根据自己日常生活中的观察、体验都提出自己想研究的问题，将问题类似的学生组合在一起开展研究。生成课题是在课题研究过程中生成新的主题，是小课题研究的价值所在。我们非常提倡对生成课题进行研究，允许改变先前的研究计划，重新修改课时计划。

2. 自选教师

我们将年级上每位教师擅长的指导方向和领域、想招收的人数公布出来，挂在每个教室里，让学生根据自己想研究的课题，选择恰当的指导教师，并直接把自己的名字写在该教师的名下。然后由年级进行统筹后形成课题组。每个课题组有一位核心指导教师。在研究过程中，我们大力提倡教师间的合作，允许课题组聘任自己信任的其他指导教师。校内的教师由学生聘请，校外的教师由本课题组的核心指导教师负责协调、聘请。

3. 自组团队

上千人的大型学校，每个组的人数都将达 25 人或更多，这样的“大组”怎样开展研究？我们常常是在选定“大课题”的基础上，根据学生对问题答案的猜想，生成若干子课题，将猜想一致、兴趣相投的学生组合在一起形成 4～6 人的研究小组。比如有个课题组通过论证确立了《我们怎样才能长得更高》的课题。老师让孩子们提出自己的猜想，结果有些孩子认为可能应从遗传上分析，有些认为是睡眠的原因，有些认为要加强锻炼，有些认为要多喝牛奶……于是按兴趣与猜想自然形成了遗传组、睡眠组、运动组、饮食营养组等研究小组，他们还自主推选出了组长，分别从这些角度研究其与身高的关系，并提出相关建议。

4. 自主策划

研究小组形成后，每个组就要根据自己的子课题进行研究策划。我们分年级给每个课题小组准备了难易程度不同的“研究策划表”，通过教师的适当指导，让学生能实现自主策划。并且，在长期多次使用研究计划表的过程中，学生能形成较稳定的思维模式，最终形成策划能力。

5. 自主解决

学生按照研究计划开展研究和资料搜集的工作。这其间教师做得更多的是教给研究方法、提供思路建议、进行协调和督促、组织交流等工作，让学生自己搜集资料，自己设计实验，自主调查采访，然后进行资料的分类、整理，最后形成结论。

6. 自主表达

对于本组研究成果与过程怎样进行展示，用什么方法表达出来，这是发挥学生创造性最佳的时机。教师仅需提供一些范例，教给他们一些基本方法，组织交流活动。我们发现，学生常常能使用我们意想不到的方式生动地展示他们的成果。

（二）以问题解决为主题

针对课程实施中“学科化倾向”与“实践方式单一”的问题，我们强调将解决现实问题作为小课题研究的基本组织形式，突出让学生大胆探究生活。通过让学生经历提出、分析与解决问题的全过程，使他们体验学科知识学习的现实价值，实现多学科知识的交叉应用，实现研究性实践、服务性实践与技术性实践等多种实践方式的自然融合，实现综合实践活动四大领域的有机整合。

以问题解决为中心的教学不仅要注重通过课题分解实现课程内容的有机整合，实现学习方式的自然融合，强调多学科知识的综合应用，更要注重这种教学与学科课程教学的重大区别。我们强调，在学生小课题研究教学过程中，允许学生有不同的选择、不同的方法、不同的速度，并尊重与鼓励学生独特的体验、创意、表达，实现个别化发展。为建立基本教学规范，我们现提出需特别重视的6条教学原则。

1. 在自选的基础上经过论证后确立主题

首先，确保问题由学生提出或至少由学生选择，唯此，研究才能持续下去。学生研究的课题必须“小”，开口小，范围合适，要力所能及，保证及时完成。低年级学生以推荐课题为主，强调经历、体验研究的基本过程，积累集体合作探究解决问题的初步经验；中、高年级学生以自选课题为主，更强调生活探究，解决实际问题。其次，问题必须经过论证这一环节后才能立项成为课题。学生凭兴趣提出的问题并不一定都能成为研究课题，往往出现一些常见误区。这些问题要么太大，无从下手，如“沙坪坝区70年来的变迁”；要么无实际意义、研究价值不大，如“网络游戏奥比岛怎么玩”；要么太深太难，无法解决，如“到底有没有外星人”“世界十大未解之谜”；要么太浅，直接有现成答案，如“小孩子上网有没有害”等。因此，从学生提出的问题到最后确立为研究课题必须经过论证。经过论证后的题目，有的范围被缩小了，有的重新选择切入点，有的改变了研究方向，有的改变了研究方法，有的干脆改弦更张，重新选题等。

2. 用任务驱动教学过程，并整合多种实践方式

引导学生投入到各种实践活动中去的最好办法就是明确任务。小课题研究强调学生亲身经历，要求学生积极参与到各项活动中去，更多体现主题探究、课题研究、方案设计、操作实验等学生自主学习的活动，让学生在“做”“实验”“搜集”“整理”“探究”“设计”“创作”“想”“反思”“体验”等一系列任务中发现和解决问题，积累和提升体验，发展创新精神与实践能力。

实现任务与实践方式的匹配。有的任务必须采访，有的任务只需文献查阅，有的任务适合做实验，有的任务适合参观，有的任务强调创造性设计，有的任务注重技能掌握……教师应当引导学生在课题探究过程中完成多样化的实践方式的有机结合。

3. 高度重视并相对系统地进行问题研究方法的教学

我们应当将常用研究方法的教学作为小课题研究的知识目标。在小课题研究的各个阶段，我们要让学生结合研究主题，通过小型实践活动（可在校内开展的活动）重点学习一些通用的研究方法与实践技能，并分年级提出适合他们年龄层次的学习要求，形成一定的体系，逐步规范学习方法。

4. 以分组学习模式为主

小课题研究主要是以团队学习的方式开展，评价也主要以课题组为单位进行。学习小组以4～6人为宜，指导教师应使小课题研究小组的活动尽可能达到“理想的集体活动”标准，即每个人分担一个角色，活动目标必须由每个成员共同制定和理解，每个人的要求都得到尊重，集体成员间都有归属感。

5. 室内与室外相结合

教学活动的地点除了在教室和各种功能教室以外，还特别强调到现场去，研究现实中的问题，使学生找到研究这个问题的实际意义。教师应在提出问题、调查研究、实地采访等环节让学生走出教室，走进大自然，走进社会，培养他们的社会责任感和实事求是的科学精神。但一定要充分考虑安全因素，做好安全预案。

6. 课内与课外相结合

教学活动时间应当做到课内与课外相结合。课内教方法，课外勤实践；课外搜集资料，课内交流分享；课外自主探究，课内点拨鼓励、引导学生积极利

用双休日、寒暑假开展活动。教师要注意将课内外时间融合起来，引导学生习惯性地观察生活，思考学习过程与生命成长，培养他们关注生活的热情，将正规学习与非正规学习结合起来。

（三）以学习常用的研究方法为主线

针对课程实施中的“体验化倾向”与“研究方法不够规范”等问题，我们认为综合实践活动要更好地课程化，就要解决课程中的知识结构问题。我们把常用研究方法（技能）的学习作为小课题研究的知识主线，在小学阶段初步实现十余种研究方法的系统学习。

1. 将研究方法作为主要显性知识目标

综合实践活动课程虽然注重直接经验、个人知识的积累，但并不排除公共知识的学习与理解。《纲要》指出，综合实践活动课程“可根据学生年龄特征、知识和技能基础，引导学生经历提出问题、确定主题、制定方案等过程，学习调查研究、实验研究、观察研究、文献研究等科学方法的基本规范和操作要领，养成探究习惯，形成科学态度，初步创新精神。”我们认为，除了整合已有的学科知识外，在小课题研究的过程中，还必须了解与本“小课题”相关的背景与专业知识，更重要的是学习、了解、积累一些关于研究方法的知识。我校选择了最常用的又能够贯穿在小课题研究全过程的共十余种方法进行有机渗透和教学。课题选择阶段包括课题选择的方法、课题论证的方法和课题分解的方法；课题实施阶段包括做研究策划案的方法，资料搜集的方法系列（文献、观察、实验、问卷与访谈）；课题总结阶段包括分析处理信息资料的方法（资料分类整理的方法、归纳要点的方法），撰写论文等方法。

2. 将方法教学与研究实践紧密结合

将科学研究方法经过筛选、简化、儿童化后，与每一个小课题研究结合，并通过“讲座＋实践”的教学模式，逐步积累形成研究方法和技能体系，进而推动孩子实践能力的发展。正如郭元祥教授指出的，从公共知识到个人知识的转化过程，需要经验的参与和改造过程，需要各种“实践学习”的过程。这些常用研究方法就是公共知识，只有通过及时的实践才能更容易达成理解，转化为个人知识。另一方面，学生的“个人知识”不仅来源于对“公共知识”的转化，还来源于个人经验的升华。如果我们把“公共知识”转化为“个人知识”的过程称为“外在输血过程”的话，那么，学生个人经验升华为“个人知识”的过程则是“自我造血过程”。[①] 让学生把研究方法的学习与小课题研究实践

① 郭元祥：《实施综合实践活动课程的十大理由》，www. chinazhsj. com/cc/lldh/200909/2716. html

结合起来，还能升华实践经验，创造更多个人知识。

3. 教师研究能力提高是前提

在实践中我们感到，综合实践活动课程实施与其他学科不同，它很难详细预设，需要教师和学生共同开发活动方案，然后共同实施方案，并在活动中不断修正，不断完善，不断深入。目前许多教师根本不懂研究方法，缺乏主动性和创新意识，因此在实施过程中经常听到有的教师说学生只知道照着做，研究不出什么东西。事实上，如果教师自己不懂得研究，却指望学生自己能有所发现、有所创新，把综合实践活动课程实施的成败归咎于学生的素质，这样的教学就只有学而没有教了。因此在教学生这些研究方法的同时，教师必须先了解、学会常用科学研究方法，这样才能实现课程的有效生成，才能大大提升教师的研究能力。

（四）以发展多种具体实践能力为主旨

任何课程都必须有清晰、准确、指导性强的目标。针对综合实践活动课程目标不够清晰带来的不利教、不利学、不利评等问题，我们将多种具体实践能力的发展作为小课题研究的目标，以实践能力立意，突出方法学习与实践训练的结合，制定不同课型的相关能力指向，力图实现研究过程中几种关键能力的逐步发展与生根。

1. 各地区、学校将课程目标分解细化的重要性与紧迫性

我国综合实践活动课程目标直指学生创新精神与实践能力的培养，承担着人才培养模式更新的任务。可这样宏伟的目标怎样才能实现？参照日本广岛市“综合学习时间”的目标，分为信息处理技术・能力、表现的技术与能力、内容・思考・判断能力、兴趣、关心与态度四个维度。① 在此基础上又作了如下细分：

（1）信息处理技术・能力分解为：

・运用计算机的基本技术与能力

・信息的收集与处理能力

・分析和选用适当的信息

・运用概念图式整理与表述信息

（2）表现的技术与能力分解为：

・运用写作、绘画等多种方式灵活地表达

・具有个性的表达

① （日）八尾坂修：《日本的学校教育改革的动向：课题与综合学习时间》，长沙会议讲稿，2007 年。

· 问题解决过程中合理地表述观点

· 应用本人的观点和他人的观点，并适当加以区分

（3）内容·思考·判断能力分解为：

· 自主地提出活动课题

· 论理的合理性

· 课题设计的明确性

· 内容的适切性

· 深入地分析课题的意义

· 学会运用问题解决的基本方法

（4）兴趣、关心与态度：

· 兴趣与意念的发展

· 活动的参与程度

· 参与活动的主动性

· 积极参与活动的评价

· 自主学习与自我反省，以及自信心的增强

由此可见，日本的“综合学习时间”首先强调了各地区、学校在课程目标设计中的自主性，提倡各学校根据所在地区、学校及学生的实际情况，组织横跨的综合的学习，基于学生的兴趣爱好有创意地开发学习活动，开展有特色的教育，展开有特色的学校运营。

2. 细化与强化能力目标

对照我国台湾地区的综合活动学习领域，在 2000 年公布的《中小学九年一贯课程暂行纲要》中明确了综合活动学习领域的意义。综合活动学习领域于现阶段九年一贯新课程中的角色与必要性反映在以下四项基本理念：（1）提供反思讯息，（2）扩展学习经验，（3）推动整体关联，（4）鼓励多元自主（学校特色）。其内容分为四大主题轴：（1）自我发展，（2）生活经营，（3）社会参与，（4）保护自我与环境。四大主题轴下细分十二项核心素养，再细分六十九项能力指标，每项能力指标梯度分布在 1—9 年级。

在 2008 年 5 月 23 日公布的修订稿中，对综合活动学习领域之内涵架构进行了如下修订：①

① 李坤崇：《台湾综合活动学习领域课程纲要之修订、困境与展望》，无锡会议讲稿，2008 年。

综合活动学习领域架构表

课程总目标：培养学生具备生活实践能力				
四大主题轴	自我发展	生活经营	社会参与	保护自我与环境
十二项核心素养	自我探索	生活管理	人际互动	危机辨识与处理
	自我管理	生活适应与创新	社会关怀与服务	户外生活
	尊重生命	资源运用与开发	尊重多元文化	环境保护

在此之下又给出了综合活动领域学习分段能力指标与十二项核心素养关系表，如对“自我发展”主题轴中的三项素养进行了如下细化：①

“自我发展”三项素养细化表

	核心素养	第一学习阶段	第二学习阶段	第三学习阶段	第四学习阶段
自我发展	自我探索	1—1—1 探索并分享对自己以及与自己相关的人和事物的感受 1—1—2 区辨自己在班级与家庭中的行为表现	1—2—1 欣赏并展现自己的长处，省思并接纳自己 1—2—2 参与各式各类的活动，探索自己的兴趣与专长	1—3—1 欣赏并接纳他人 1—3—2 参与各项活动，探索并表现自己在团体中的角色	1—4—1 探索自我发展的过程，并分享个人的经验与感受 1—4—2 展现自己的兴趣与专长并探索自己可能的发展方向
	自我管理	1—1—3 体会自己分内该做的事，并身体力行	1—2—3 辨识与他人相处时自己的情绪	1—3—3 探究自我学习的方法，并发展自己的兴趣与专长 1—3—4 觉察自己的压力来源与状态，并能正向思考	1—4—3 掌握信息，自己界定学习目标、制订学习计划并执行 1—4—4 适当运用调适策略来面对压力，处理情绪
	尊重生命	1—1—4 体会、分享生命降临与成长的感受	1—2—4 观察自然界的生命现象与人的关系	1—3—5 觉察生命的变化与发展历程	1—4—5 体会生命的价值，珍惜自己与他人生命，并协助他人

在此基础上，对细分的素养再做细目，还配有补充说明，如下表：②

---

① 李坤崇：《台湾综合活动学习领域课程纲要之修订、困境与展望》，无锡会议讲稿，2008 年。

② 李坤崇：《台湾综合活动学习领域课程纲要之修订、困境与展望》，无锡会议讲稿，2008 年。

核心素养细目表

学习阶段	参考细目	补充说明
1－1－1 探索并分享对自己以及与自己相关人事物的感受	1－1－1－1 探索并分享对自己的感受 1－1－1－2 探索并分享与自己相关人士的感受 1－1－1－3 探索并分享与自己相关事物的感受	1. 可从各种经验中发现并表达自己可能产生的感觉与想法 2. 各种经验指的是参与班级各领域学习活动、进行探索活动、下课时间与同侪活动、在家庭中与家人互动、在安亲班或课后才艺班与他人互动、在小区与他人互动时的感觉与想法 3. 建议于小学一年级实施
1－1－2 区辨自己在班级与家庭中的行为表现	1－1－2－1 觉察自己在班级中的行为表现 1－1－2－2 觉察自己在家庭中的行为表现 1－1－2－3 比较自己在班级与家庭中行为表现的异同 1－1－2－4 探讨自己在班级与家庭生活中的适当行为	1. 可从在班级与家庭的各种表现中，发现什么是适当的行为表现 2. 各种表现指的是听讲上课、整洁、用餐、团体游戏、与师长同学家人的互动、做作业、看电视等的行为表现

教学目标的一般原理是：目标越是明确化、情景化、具体化，达成度越高。我国台湾地区综合实践活动课程学习目标如此细化，有如此明确的梯度设计，再加上具有明确指导性的补充说明，可想教师在设计教学、组织活动时将有章可循，偏差将大大减少，执行力将大大提升。因此，我国大陆地区综合实践活动课程目标也应通过进一步细化加以明晰，通过一个个地区和一个个学校根据自身实际加以自主开发，实现课程目标的个性化与规范化，再通过一个个学习项目与一节节课渐进地实现目标的有效达成。

3. 积极构建关键、具体的能力目标

一般学习领域多分为认知、技能、情感三类学习目标，其中认知所占的比重最大，而学生小课题研究则特别强调学生在真实生活中的实践能力。郭元祥教授曾在《综合实践活动的目标及其生成》一文中指出，综合实践活动课程的学习目标具有行为化目标、表现性目标和内隐性目标三个层次，综合实践活动一方面要注重目标的系统性，包括认知性目标即知识的获得、事实性知识的掌握，能力取向目标即问题解决、操作能力、思维能力，情意目标即高级情感体验、价值观念、思想意识等，从问题提出、到问题分析再到问题解决，涉及许多需要明晰的目标和具有一定系统性的目标；另一方面更应突出“过程目标”和“表现性目标”，还要能将目标校本化。

综合实践活动课程的能力目标不仅涉及认知领域的能力，而且涉及综合能力。从总体上说，综合实践活动课程的能力目标不是单一维度的，而是多维度的。综合实践活动的能力目标主要体现在认知与思维能力、操作与问题解决能力、交往与社会活动等维度。我们在这样的能力目标体系下，进一步将能力目标明确化、情景化、具体化，通过研究启动课、课题选择课、计划设计课、信息搜集课、实地调查课、表达交流课、总结反思课等多种课型，教方法，重实践，推动学生以下7种具体实践能力的发展：（1）提出问题、分解问题的能力；（2）组织、策划、管理的能力；（3）利用各种手段收集信息（观察、问卷、访谈、文献查阅等）能力；（4）分析、处理信息（信息分类、归纳要点等）证明自己观点的能力；（5）团队学习、合作交往的能力；（6）创意设计，表达自己的观点与结论的能力；（7）反思能力（提升科学精神、关注生活的热情和社会责任感）。

四、学生小课题研究的实践策略

调查显示，就综合实践活动课程的实施来看，学校管理者认为目前最需要做的工作按重要程度排序依次是：培训教师、政策支持、提供课程资源、提供教材、加强督导等。教师急需提供的课程资源按其需要的程度依次是：实践基地、教师指导用书、配套硬件设施、案例集、学生用书、实录光盘等。[①] 在实践中我们感到，当前时期最为重要的是解决“教师不会教”的问题，把满足教师的需求作为实践推进的中心工作，即要做好“三个一”工作。

（一）编制《学校综合实践活动整体规划与实施模式》，给教师一张“地图”

1. 让教师明确学校综合实践活动整体规划

学校对综合实践活动课程进行整体规划与有效管理是综合实践活动课程常态实施和有效实施的基础和保证，它也从一方面反映了学校对这门课的重视程度。我们在学校课程整体设计的基础上，通过学校领导、行政领导、教研机构、教师、学生、家长等多方协商，研制出台了《学校综合实践活动整体规划与实施框架指导意见》，包括课程定位、组织建设、师资配备、课程内容与课时安排、实施模式与教师指导行为规范、课程评价办法、课程保障措施7个部分，让教师全面了解该课程在全校课程体系中的整体设计与定位。

2. 让教师明白引导学生实施小课题研究的整体框架

我们在小课题研究的三个基本阶段，即进入问题情景与选题阶段，开展研

---

① 冯新瑞、王薇：《我国综合实践活动课程实施现状调研报告》，http://www.chinazhsj.com/

究实践阶段，成果表达交流阶段，构建起以 8 种课型为基本形式，教师、学生、家长三方联动、合作的操作模式（见指导篇中的教师、学生、家长三方联动、合作操作模式表）。

建立这样的基本课型规范，可以明确每种课型中的教师任务、学生学习方式、家长配合方式和相应的具体能力目标指向，并提出每种课型的操作流程和相关方法教学要点，将能力生根与教学任务结合起来，将能力达成动作化、行为化、任务化，让教师、学生有“法”可依，从模仿走向建模，最后走向创新。8 种课型，也可以说是基于一种完全探究过程的 8 个小的阶段，并不是所有课题探究过程都要用到，可以适当删减、合并。其中，最重要的是研究过程的生成。在课程常态实施过程中建立这样一个基本规范提供给教师们做参考，起到了很好的规范与引导操作的作用。同时，随着研究的深入，通过教师们不断创新，将会有更多更丰富、更具特色的课型出现。

（二）编制《小课题研究教学与指导操作指南》，给教师一根“拐杖”

课程改革最终发生在课堂上，教师的困惑也在课堂上。我们着力研究小课题研究的课堂教学，通过课题组核心成员的公开课教学和所有教师大量的随堂课教学研究，研制出台了教师使用的《小课题研究教学与指导操作指南》。指南详细写出了一个小课题研究全过程大致需经历的 16～17 课时的教学简案，每份教学简案分为基本流程、配套知识讲座、配套课后作业、配套学习工具和材料、教师教学补充与后记 5 个部分，重点课还配有教学实录与上课光盘。教师拿着《教学与指导操作指南》就像拿着一根拐杖，能够结合本组的课题内容迅速备好课，进行教学。

（三）开发使用《学生小课题研究过程管理与评价手册》，给课题组一个“档案袋”

1. 小课题研究的评价

评价原则。我们认为，小课题研究中的学生学习评价，应对学生的表现和素质发展作整体的、发展性的评价。评价方式应多样化，评价内容要关注过程、兼顾结果。评价时要做到三个特别注重：一是特别注重每个学生在原有基础上的发展，力图发现学生的个性潜能中特别有优势的一面；二是特别注重学生学习过程中的不同体验，尤其是在自信心、兴趣、关注生活的热情等方面，尊重学生的自我评价；三是特别注重结合具体情景评价学生的 7 种具体能力的发展情况。

评价方法。我们将过程性评价与终结性评价相结合，在每学期结束时对课题研究进行终结性评价，每一个课题都将在全年级展示，全组学生到场。评价分为三个步骤：第一步进行卷宗式资料展示；第二步进行答辩式现场展示宣讲并接受评委老师的提问；第三步进行鉴赏式激励评奖，指出优点和成功之处，评出等级，给予证书和奖金。学校将评价结果计入学生素质报告书，每个年级评选出一等奖课题。每年 4 月教育科研节期间进行全校现场直播发布并答辩，此举意在进行全校推广，评出校级等级奖及各种单项奖，推选出优秀成果参加全区比赛，并出版成果案例集。

2. 小课题研究的过程管理

为了加强小课题研究的过程管理，既便于教师、学生搜集资料，又能切实将评价贯穿到教学活动管理的过程中，我们研制使用了《学生小课题研究课程管理手册》，分为两个部分。

前半部分是由教师填写的表格式的过程指导记录，包括课题指导目标与计划表、课题指导内容与过程记录表、学生活动过程考勤与表现记载表、学生各阶段表现评价标准参照表等。过程指导记录重在记录过程，它是将学生在小课题研究中的各种表现和活动产品，如课题论证表、研究计划表、采访记录、研究报告、建议书、主题演讲等作为评价他们学习情况的依据，由教师填写而成。这样能切实做到重视学生活动过程的评价，将评价融合在教学过程中；做到以学生的活动过程作为评价的对象，而不仅仅针对活动的结果以及他们所得出的结论。即使最后结果按计划来说是失败的，也应从学生获得了宝贵经验的角度来进行评价，肯定其活动的价值，营造体验成功的情境。

后半部分是以活页和资料袋的方式提供给每个课题组经常用到的表格资料或工具，如选题记录单、立项答辩记录单、课题分解单、研究计划表、课题研究小组合作访问卡、常用资料网站地址、学校图书馆书目甚至区域内各专业监测站、公共图书馆、大学图书馆、博物馆、科技馆的联系方式等。给学生的学习资源按照每个课题组大致人数配齐相应数量，发到课题组组长手里。每组一册，每期一册，期末回收入档。这样在研究的三个阶段可以进行任务驱动式的、过程性的观察记录，还以活页和资料袋的方式提供给每个课题组经常用到的表格资料或工具，成为名副其实的“档案袋”。

GUANLIPIAN

管理篇

（一）沙坪坝区小学生小课题研究课程管理与实施指导意见

《国务院关于基础教育改革与发展的决定》规定中小学要设置综合实践活动课程，国家《基础教育课程改革纲要（试行）》更加明确地将综合实践活动课程规定为小学到高中的必修课程。与学科课程相比较，综合实践活动课程是一门基于学生的直接经验、密切联系学生自身生活和社会生活、体现对知识的综合运用的实践性课程，与其他学科课程是相互依存、相互配合、相互促进的关系。本课程指定领域与非指定领域也相互关联，融合实施。十余年来，我区坚持以小课题研究为主要抓手促进综合实践活动课程的常态实施，成为区域推进综合实践活动课程的主要载体，是国家课程地方化的探索成果。为不断引领各小学将地方课程校本化，提升区域教师指导学生开展小课题研究的意识和能力，促进学生创新精神和实践能力的发展，我们特制定了本意见。

一、提高对小课题研究课程的认识

各小学要不断提高对小课题研究课程的认识。综合实践活动课程是一门必修课，具有国家设置、地方指导和校本开发三级课程的特点，体现了国家意志。课程指定领域包含：信息技术教育、研究性学习、社区服务和社会实践以及劳动与技术。这四个领域并不孤立推进，而是相互融合，形成“以课题探究为主的研究性学习活动”“以社会考察为主的体验性学习活动”“以社会参与为主的实践性活动”“以实际应用为主的设计与制作类学习活动”等几种大的学习活动方式。[①] 信息技术目前作为国家课程，在本课程实施过程中被作为研究和呈现的工具融入每种学习活动中。在新一轮区域课程改革中，小课题研究将作为综合实践活动课程的主要载体全面进入小学课堂。

---

① 沈旎：《小学综合实践活动课程能力表现目标序列及教学设计》，高等教育出版社，2013 年版。

二、加强机构建设与各项制度保障

区域成立各级课程管理组织。在教委分管主任、初教科的领导下，在进修学院相关部门及教研人员的指导下，各小学全员参与，在学校课程建设体系中成立小课题课程领导小组、执行管理小组以及课程教研组，并明确各个小组的基本职责，持续推进小课题研究课程的研讨、培训和课程实施及评价等工作。学校以学年为单位进行指导教师人员设置，根据全校课程体系合理进行课时安排。

各校应加强小课题研究课程推进的各项实施保障。

（一）制度保障

各小学应根据课程建设的需要，建立健全的与探究类课程相关的制度，包括指导教师配备制度、课题负责制度、教师工作量制度、课题成果奖励制度、教师教研制度等，以确保小课题研究工作的顺利推进。

（二）资源保障

学校努力创设条件，增加经费投入。充分开发利用现有资源，包括加大图书馆、微机室及办公室电脑、标本室、实验室等专用场地、设施对学生的开放力度，因地制宜，努力建设学校的学生活动基地，充分协调利用各种社区资源。

（三）培训保障

学校应选派教师积极参与各级各类培训，同时建立起学校内部的校本研讨制度，对综合实践活动课程的指导纲要及课程总目标有深入的研究和准确的把握，对校本实施的探究类课程建设和实施开展持续的研究和改进。借助市、区教研机构的力量，充分利用高校资源，立足自身实际，开展丰富、有效的培训。深入课堂教学，注重发现典型，总结经验，及时分析问题，寻找对策。学校设综合实践活动工作室，培养骨干教师，打造教师专业发展平台。

（四）安全保障

通过加强与家长、社区的沟通、强化教师安全防范意识、政府集中购买校方责任险等方式共同解决学生在活动过程中可能出现的意外伤害问题。

三、课程内容

通过区域长期的实践和总结，将课程的主要选题领域规划为以下 7 个方面：

国际理解：主要体现对世界局势的关注，对各国、各民族不同风俗、文化的关注。

社区参与：主要体现为对社区、校园各种设施、新闻、历史文化的关注。

生活经营：体现对自己日常生活事件的关注。

健康安全：主要体现为对自身身心变化与安全的关注。

环境保护：主要体现为对人类生活环境的担忧与关注。

设计制作：主要体现对自然现象、科学现象、科技制作的关注。

学科拓展：主要体现为对学科问题进一步探究的兴趣。

四、小课题研究过程管理与教师指导基本行为规范

（一）学校应按照课程建设的制度组建小课题研究组

建议分学段实施课程：1、2 年级为探究初始阶段，以保护孩子好奇心，培养孩子探究兴趣为目的，引导他们初步建立探究意识。分班开展小课题研究活动，每期至少开展 1 个课题的学习活动，主题可由教师推荐，学生选择，重点是让学生初步熟悉小课题研究这种学习形式。3、4 年级为探究发展阶段，以引导学生学习探究方法，熟悉研究过程，培养学生初步的研究能力为目的，每学期研究 1～2 个课题。这个阶段的重点是要让学生经历小组合作研究解决问题的过程，学会一些常用的研究实践方法，为高年级自主研究课题打下基础。5、6 年级为探究创新阶段，以引导学生自主选题，运用研究方法对所选课题进行系统策划和探究为能力目标。高段学生可以采用自主申报研究领域，申报的研究项目和领域不是确定选题，而是选定研究大致范围，待活动小组成立后，再根据学生兴趣，在这一个领域内确定研究课题，并把一个课题分解为若干子课题。高段可以采用走班等灵活形式组织小课题研究的开展。

（二）教师应在活动的三个阶段给予学生有针对性的指导

在课题确定阶段，特别是选题、分解课题与确定具体开展的活动时，教师要全面考虑到三条线索（人与自我，人与自然，人与社会的关系）和四个领域（探究性学习，社区实践与社会服务，劳动与技术教育，信息技术教育），在尊重学生兴趣的基础上，形成明确的指导方案。在研究过程中，教师要特别注重交给学生一些常用研究方法，全程渗透，开展必要的专题讲座，规范他们的学习和研究方式。从学生活动必要的资料和工具准备、活动的具体实施、课堂教学的有效组织、小组合作的有效开展、原始资料的积累整理、学生的自我反思等多方面入手，进行过程指导。在成果形成阶段，教师应该鼓励学生创造性的

表达方式，引导学生用多种方式表达呈现研究成果。

五、做好课程的质量评价

区级层面将运用调查问卷、量表等工具对各校的小课题研究课程进行不定期的整体质量评估，包含学校层面小课题研究课程的设置、实施、管理和评价等过程资料，并持续推进全区小学生小课题研究展评活动，促进区域内教师指导技能的提升及校际之间的经验交流。

校级层面对课程实施的评价建议有：

（1）对课题组的评价。针对整个课题组从选题到研究过程的指导以及研究结果，展评各个环节。

（2）对教师指导技能的评价。评价侧重于对教师在综合实践活动课程中的重视程度，对小课题研究全程的组织、规划、管理、指导等方面的能力和实效，对该课程基本理论、课题研究方法及其他相关知识的学习等方面。

（3）对学生能力表现目标的评价。运用总体评价原则，对学生的能力表现和素质发展作整体的、发展性的评价。注重评价方式的多样化，评价内容关注过程、兼顾结果。应当特别注重每个学生能力在原有基础上的发展，力图发现学生的个性潜能中特别有优势的一面；特别注重学生在探究学习过程中的不同体验，尤其是在自信心、兴趣、关注生活的热情等方面，尊重学生的自我评价，特别注重结合具体情景进行评价。

沙坪坝区教师进修学院初教中心

2015.12.30

（二）沙坪坝区小课题研究展评标准

项目	评价要求	分值
选题	选题要联系学生生活实际、新颖，适合学生年龄特点，具有综合性、研究性、创新性，研究成果有一定的现实意义和推广价值。	10分
现场展示	1. 相关资料真实、翔实，能全面反映学生的探究过程，体现学生的科学探究精神。	15分
	2. 学生汇报展示表达流利、自信，操作能力强，交流合作具有有效性。	15分
	3. 选择多种研究方法，研究过程中数据来源和事实呈现具有真实性、科学性，能全面反映学生的探究过程。学生参与面广。	15分
	4. 现场展示效果好，布展区域设置合理，展示形式贴切，灵活生动。	15分
学生答辩	学生答辩口齿清楚，条理清晰。重点在课题本身的真实、有效，以及学校全面开展小课题研究情况上。	10分
亮点	展示中有突出表现和创新。	10分
研究报告	研究报告真实、规范、过程清晰。	10分

（三）学校管理手册范例
（树人小学小课题研究课程管理手册）

树人小学

重庆市沙坪坝区树人小学

学生小课题研究课程管理手册（中低段）

__________学年度____________期

指导教师__________________

学生年级__________________

课题名称__________________

学生活动过程考勤与表现记载表

姓名	1	2	3	4	5	6	7	8	9	10	11	12	13	14	15	16	总评
示例	√	√	√	√	×	√	√	√	√	√	×	√	√	√	√	√	优
	☆	☆	☆	☆		☆		☆		☆		☆		☆	☆	☆	
1																	
2																	
3																	
4																	
5																	
6																	
7																	
8																	
9																	
10																	
11																	
12																	
13																	
14																	

续表

姓名	1	2	3	4	5	6	7	8	9	10	11	12	13	14	15	16	总评
15																	
16																	
17																	
18																	
19																	
20																	
21																	
22																	
23																	
24																	
25																	
26																	
27																	
28																	
29																	

续表

姓名	1	2	3	4	5	6	7	8	9	10	11	12	13	14	15	16	总评
30																	
31																	
32																	
33																	
34																	
35																	
36																	
37																	
38																	
39																	
40																	
41																	
42																	
43																	
44																	

续表

姓名	1	2	3	4	5	6	7	8	9	10	11	12	13	14	15	16	总评
45																	
46																	
47																	
48																	
49																	
50																	

说明：

1. 出勤记“√”，缺席记“×”；
2. 表现可用等级优、良、合格、再努力，也可画“☆”。
3. 总评记优、良、合格、再努力。

课题指导目标与计划

<table>
<tr><td>课题名称</td><td colspan="2"></td></tr>
<tr><td>研究人员</td><td colspan="2"></td></tr>
<tr><td rowspan="3">本研究要达到的目标</td><td>知识</td><td></td></tr>
<tr><td>能力</td><td></td></tr>
<tr><td>情感</td><td></td></tr>
<tr><td>备注</td><td colspan="2"></td></tr>
<tr><td>目标填写示例</td><td colspan="2">如“废旧电池的处理”课题
1. 知识目标（主要包括事实性知识和程序性知识）
（1）说出废旧电池的巨大危害，说出常用的处理办法；
（2）知道文献法和访谈法的一般程序。
2. 能力目标（应和具体任务相连）
（1）每个小组成员搜集五篇以上的相关文献；
（2）搜集三种以上的废旧电池；
（3）提出废旧电池对环境影响的三个观点；
（4）每人至少提出一条处理废旧电池的建议或方案。
3. 情感目标（在过程中及时提升，在反思中总结升华）
（1）深切感受废旧电池的巨大危害；
（2）认识环境保护对我们每一个人的迫切性。</td></tr>
</table>

课题指导内容与过程记录表

<table>
<tr><td>课型</td><td>课时指导提示及实际上课内容记载</td></tr>
<tr><td rowspan="2">1. 研究启动课</td><td>第一课时指导提示：讲解课程意义以及基本的学习方式、分组方式；研究流程与阶段；讲解如何接受检查与评价。</td></tr>
<tr><td>实际上课内容记载：</td></tr>
</table>

续表

课型	课时指导提示及实际上课内容记载
2. 课题分解课	第二课时指导提示：指导学生分解课题，按分解的不同研究内容组建研究小组。
	实际上课内容记载：
3. 研究策划课	第三、四课时指导提示：指导学生填计划表，交流各组计划，完善方案。
	实际上课内容记载：
4. 信息收集整理课 说明： （1）信息收集整理课是教师指导学生运用各种研究方法收集整理信息的过程。 （2）不同的课题，研究方法会有所区别。应根据课题研究的实际需要选择合适的方法指导学生开展研究。	第五课时指导提示：指导学习调查法，设计和制作调查问卷。
	实际上课内容记载：
	第六课时指导提示：指导学习调查法，实地调查并记录。
	实际上课内容记载：
	第七课时指导提示：指导学习调查法。根据调查情况做统计、分析，指导写调查报告。
	实际上课内容记载：
	第八课时指导提示：指导学习访谈法。设计和讨论访谈内容，如要提哪些问题，提问时要注意什么？
	实际上课内容记载：
	第九课时指导提示：指导学习访谈法。实地开展访谈，交流并记录。根据访谈记录做统计、分析，指导写访谈结论。
	实际上课内容记载：
	第十、十一课时指导提示：资料整理分析。指导学习资料分类的方法并进行分类。
	实际上课内容记载：
	其他研究方法的指导 1. 指导学习实验法。设计并开展实验，记录实验信息。 2. 指导学习文献法。上网或查阅书籍进行文献资料搜集并交流。 3. 指导学习观察法。（1）设计和讨论观察项目；（2）实地观察记录并交流；（3）根据观察记录做统计、分析，指导写观察结论。

续表

课型	课时指导提示及实际上课内容记载
5. 成果表达课	第十二课时指导提示：成果表达课。教学小课题研究报告写作方法并指导学生完成研究报告的写作。
	实际上课内容记载：
6. 成果交流课	第十三课时指导提示：成果展示交流课。组织学生开展展示形式的设计、制作、排练等。
	实际上课内容记载：
7. 总结反思课	第十四课时指导提示：总结反思课。总结收获，提升感悟，表彰先进，提出还未解决的问题。
	实际上课内容记载：

附：研究过程工具单（学生用）

说明：本套研究过程工具单为课题研究过程中配合各课时指导活动使用，仅提供范本，教师可根据实际需要指导学生灵活使用。

1. 树人小学学生小课题研究课题分解单
2. 树人小学学生小课题研究计划表（中低段）
3. 树人小学小课题研究小组合作访问卡
4. 树人小学小课题研究观察记录卡
5. 树人小学小课题研究学生收获与感想

附 1：

树人小学学生小课题研究课题分解单

序号	问题	提出者	问题缘由
1			
2			
3			
4			
5			

附 2：

树人小学学生小课题研究计划表（中低段）

指导教师：　　　　　　　　　　　　　　　　研究周期：

<table>
<tr><td>我们的
活动主题</td><td colspan="4"></td></tr>
<tr><td>我们要达
到的目标</td><td colspan="4"></td></tr>
<tr><td rowspan="2">我们的
成员</td><td rowspan="2">组长</td><td rowspan="2"></td><td rowspan="2">成员</td><td></td></tr>
<tr><td></td></tr>
<tr><td rowspan="9">我们准备完成的几项活动</td><td>时 间</td><td colspan="2">具体任务</td><td>我们的分工</td></tr>
<tr><td>第　　周</td><td colspan="2"></td><td></td></tr>
<tr><td>第　　周</td><td colspan="2"></td><td></td></tr>
<tr><td>第　　周</td><td colspan="2"></td><td></td></tr>
<tr><td>第　　周</td><td colspan="2"></td><td></td></tr>
<tr><td>第　　周</td><td colspan="2"></td><td></td></tr>
<tr><td>第　　周</td><td colspan="2"></td><td></td></tr>
<tr><td>第　　周</td><td colspan="2"></td><td></td></tr>
<tr><td>第　　周</td><td colspan="2"></td><td></td></tr>
<tr><td>我们的
研究方式</td><td colspan="4">实地考察（　）　采访记录（　）　上网（　）
查阅书籍（　）　调查统计（　）　其他＿＿＿＿＿＿</td></tr>
<tr><td>我们的
交流方式</td><td colspan="4">自编小报（　）　制作宣传画（　）　表演示范（　）　小论文（　）
制作课件（　）　制作图片集（　）　现场实验（　）
其他＿＿＿＿＿＿＿＿＿</td></tr>
</table>

附 3：

树人小学小课题研究小组合作访问卡

课题名称：　　　　　　　　　　　　　　　指导教师：

访问时间：　　　　　　　　　　　　　　　地　　点：

<table>
<tr><td>访问人</td><td></td><td>被访问人</td><td></td></tr>
<tr><td>本次访问主题</td><td></td><td>记录者</td><td></td></tr>
<tr><td colspan="2">主要问题 1：</td><td colspan="2">回答摘要：</td></tr>
<tr><td colspan="2">主要问题 2：</td><td colspan="2">回答摘要：</td></tr>
<tr><td colspan="2">主要问题 3：</td><td colspan="2">回答摘要：</td></tr>
<tr><td colspan="2">其他文字资料：</td><td colspan="2">图片资料：</td></tr>
<tr><td colspan="4">访问人的体会：</td></tr>
</table>

附 4：

树人小学小课题研究观察记录卡

课题名称：

观察时间		地　　点	
观察主题		观察记录者	

发现 1：	思考 1：
发现 2：	思考 2：
发现 3：	思考 3：
发现 4：	思考 4：
观察体会和感受：	

附 5：

树人小学小课题研究学生收获与感想

重庆市沙坪坝区树人小学

学生小课题研究课程管理手册（高段）

____________学年度____________期

指导教师________________

学生年级________________

课题名称________________

学生活动过程考勤与表现记载表（参见 33—36 页）

课题指导目标与计划（参见 37 页）

课题指导内容与过程记录表

<table>
<tr><th>课型</th><th>课时指导提示及实际上课内容记载</th></tr>
<tr><td rowspan="2">1. 研究启动课</td><td>第一课时指导提示：讲解课程意义；讲解基本的学习方式，分组方式；讲解选题标准；启发学生提问，指导学生初选题目。发立项答辩单课后完成。</td></tr>
<tr><td>实际上课内容记载：</td></tr>
<tr><td rowspan="2">2. 课题选择课</td><td>第二课时指导提示：指导学生对初选选题进行论证；组织学生答辩、质疑；指导学生评出可以立项正式研究的课题。</td></tr>
<tr><td>实际上课内容记载：</td></tr>
<tr><td rowspan="2">3. 课题分解课</td><td>第三课时指导提示：讲解课题分解的方法；指导学生用合适的方法分解立项的课题。</td></tr>
<tr><td>实际上课内容记载：</td></tr>
<tr><td rowspan="2">4. 研究策划课</td><td>第四、五课时指导提示：指导学生填计划表，交流各组计划，完善方案。</td></tr>
<tr><td>实际上课内容记载：</td></tr>
</table>

续表

课型	课时指导提示及实际上课内容记载
5. 信息收集整理课 说明： （1）信息收集整理课是教师指导学生运用各种研究方法收集整理信息的过程。 （2）不同的课题，研究方法会有所区别。应根据课题研究的实际需要选择合适的方法指导学生开展研究。	第六课时指导提示：指导学习调查法，设计和制作调查问卷。
	实际上课内容记载：
	第七课时指导提示：指导学习调查法，实地调查并记录。
	实际上课内容记载：
	第八课时指导提示：指导学习调查法。根据调查情况做统计、分析，指导写调查报告。
	实际上课内容记载：
	第九课时指导提示：指导学习访谈法。设计和讨论访谈内容，如要提哪些问题，提问时要注意什么？
	实际上课内容记载：
	第十课时指导提示：指导学习访谈法。实地开展访谈，交流并记录。根据访谈记录做统计、分析，指导写访谈结论。
	实际上课内容记载：
	第十一、十二课时指导提示：资料整理分析。指导学习资料分类的方法并进行分类。
	实际上课内容记载：
	其他研究方法的指导 1. 指导学习实验法。设计并开展实验，记录实验信息。 2. 指导学习文献法。上网或查阅书籍进行文献资料搜集并交流。 3. 指导学习观察法。（1）设计和讨论观察项目；（2）实地观察记录并交流；（3）根据观察记录做统计、分析，指导写观察结论。
6. 成果表达课	第十三课时指导提示：教学小课题研究报告写作方法并指导学生完成研究报告的写作。
	实际上课内容记载：
7. 成果交流课	第十四课时指导提示：组织学生开展展示形式的设计、制作、排练等
	实际上课内容记载：

续表

课型	课时指导提示及实际上课内容记载
8. 总结反思课	第十五课时指导提示：总结反思课。总结收获，提升感悟，表彰先进，提出还未解决的问题。
	实际上课内容记载：

附：研究过程工具单（学生用）

说明：本套研究过程工具单为课题研究过程中配合各课时指导活动使用，仅提供范本，教师可根据实际需要指导学生灵活使用。

1. 树人小学小课题选题记录单
2. 树人小学小课题立项答辩问题单（高段）
3. 树人小学学生小课题研究课题分解单
4. 树人小学学生小课题研究计划表（高段）
5. 树人小学小课题研究观察记录卡
6. 树人小学小课题研究小组合作访问卡
7. 树人小学小课题研究学生收获与感想

附 1：

树人小学小课题选题记录单

<table>
<tr><th>序号</th><th>研究领域</th><th>问题</th><th>提出者</th><th>问题缘由</th></tr>
<tr><td>1</td><td></td><td></td><td></td><td></td></tr>
<tr><td>2</td><td></td><td></td><td></td><td></td></tr>
<tr><td>3</td><td></td><td></td><td></td><td></td></tr>
<tr><td>4</td><td></td><td></td><td></td><td></td></tr>
<tr><td>5</td><td></td><td></td><td></td><td></td></tr>
<tr><td colspan="4">最后确定的选题</td><td></td></tr>
</table>

附 2：

树人小学小课题立项答辩问题单（高段）

1．谁提出的这个课题？请你简述一下提出这个课题的过程，说一说你为什么要提出这个课题？

2．说一说这个课题对于你们或是对于大家有什么帮助，研究的实际意义是什么？

3．请你广泛的查阅资料后，说一说别人有过哪些类似的研究吗？别人已经得出了什么样的结论？

4．你们这次研究与别人的研究有什么不同？比如：有怎样的研究角度或是用了什么新的研究方法吗？

5．你们猜一猜或是大胆预测一下：这个课题的结论会是什么？

6．你们准备用什么办法证明你们的猜想？你们准备从哪些方面进行研究？

附 3：

树人小学学生小课题研究课题分解单

序号	问题	提出者	问题缘由
1			
2			
3			
4			
5			

附 4：

树人小学学生小课题研究计划表（高段）

指导教师：　　　　　　　　　　　　　　　　　研究周期：

<table>
<tr><td rowspan="2">总课题名称</td><td rowspan="2"></td><td rowspan="2">小组研究成员</td><td colspan="4">组长：</td></tr>
<tr><td colspan="4">成员：</td></tr>
<tr><td>研究目标</td><td colspan="6">子课题名称：
子课题研究目标：</td></tr>
<tr><td>研究阶段</td><td>方式方法选择</td><td>具体内容、任务</td><td>人员分工</td><td>时间</td><td>地点</td><td>物品准备</td></tr>
<tr><td rowspan="2">课题研究实施阶段</td><td>活动方式选择：
动手制作（ ）
做实验（ ）
设计活动（ ）
实地考察（ ）
采访活动（ ）
社区服务（ ）
职业体验（ ）
技能练习（ ）
其他</td><td></td><td></td><td></td><td></td><td></td></tr>
<tr><td>信息资料收集方法
上网（ ）图书（ ）
采访（ ）观察（ ）
问卷（ ）实验（ ）
其他：</td><td></td><td></td><td></td><td></td><td></td></tr>
<tr><td rowspan="2">成果表达与交流阶段</td><td>整理过程资料：
调查问卷（ ）
采访记录（ ）
文献要点（ ）
图表数据（ ）
观察日记（ ）
视频录音（ ）
心得体会（ ）
其他</td><td></td><td></td><td></td><td></td><td></td></tr>
<tr><td>预计展评方式：
研究论文（ ）
自编小报（ ）
制作作品（ ）
节目表演（ ）
电脑课件（ ）
图片集（ ）
现场实验（ ）
其他</td><td></td><td></td><td></td><td></td><td></td></tr>
</table>

附 5：

树人小学小课题研究观察记录卡

课题名称：

<table>
<tr><td>观察时间</td><td colspan="2"></td><td>地 点</td><td></td></tr>
<tr><td>观察主题</td><td colspan="2"></td><td>观察记录者</td><td></td></tr>
<tr><td colspan="2">发现 1：</td><td colspan="3">思考 1：</td></tr>
<tr><td colspan="2">发现 2：</td><td colspan="3">思考 2：</td></tr>
<tr><td colspan="2">发现 3：</td><td colspan="3">思考 3：</td></tr>
<tr><td colspan="2">发现 4：</td><td colspan="3">思考 4：</td></tr>
<tr><td colspan="5">观察体会和感受：</td></tr>
</table>

附 6：

树人小学小课题研究小组合作访问卡

课题名称： 指导教师：

访问时间： 地　　点：

<table>
<tr><td>访问人</td><td></td><td>被访问人</td><td></td></tr>
<tr><td>本次访问主题</td><td></td><td>记录者</td><td></td></tr>
<tr><td colspan="2">主要问题 1：</td><td colspan="2">回答摘要：</td></tr>
<tr><td colspan="2">主要问题 2：</td><td colspan="2">回答摘要：</td></tr>
<tr><td colspan="2">主要问题 3：</td><td colspan="2">回答摘要：</td></tr>
<tr><td colspan="2">其他文字资料：</td><td colspan="2">图片资料：</td></tr>
<tr><td colspan="4">访问人的体会：</td></tr>
</table>

附 7：

树人小学小课题研究学生收获与感想

让孩子们都来做课题

ZHIDAOPIAN

指导篇

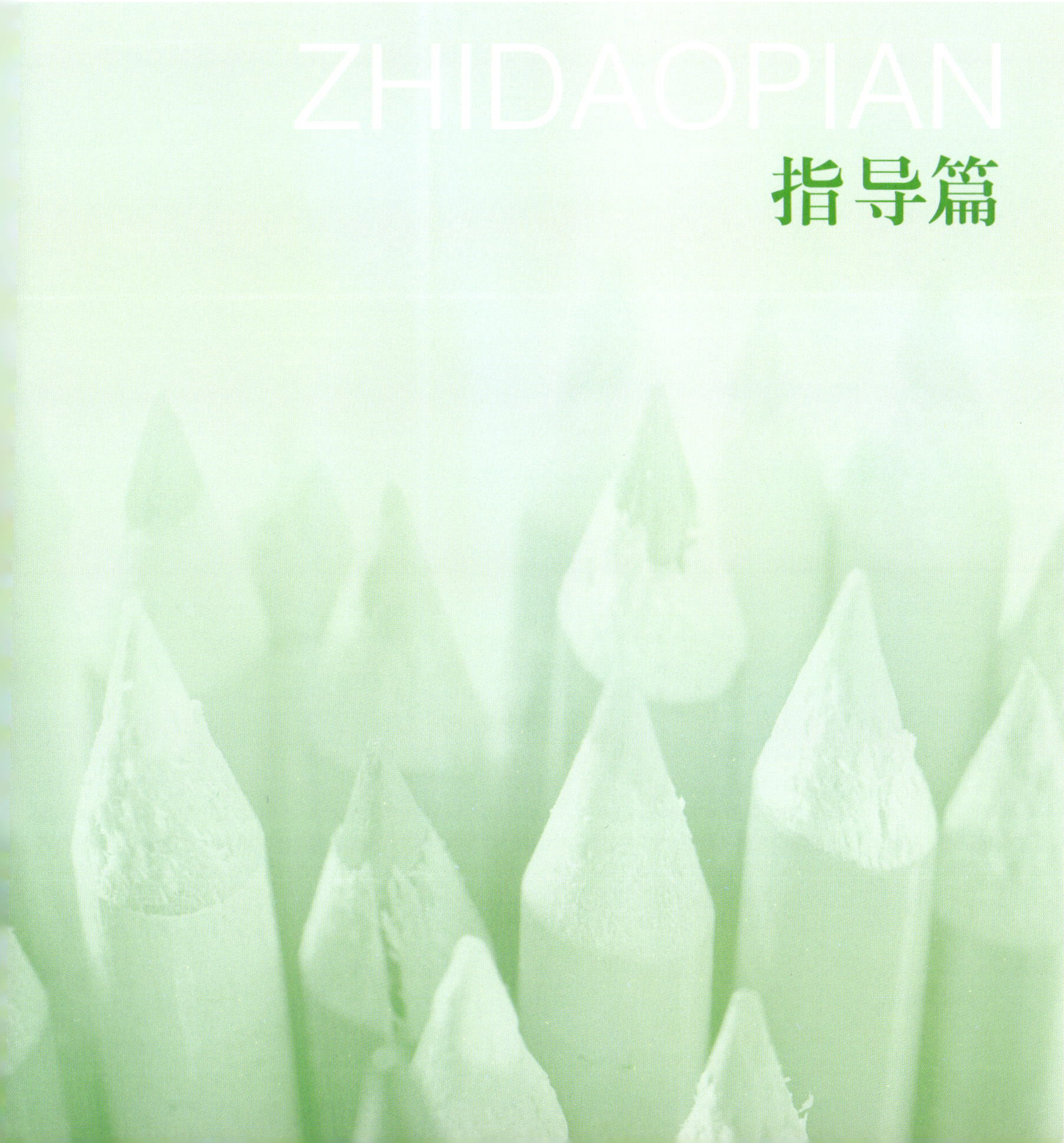

（一）小课题研究课堂指导基本操作模式

以“三阶段八课型”为基本形式，指向具体能力目标，形成教师、学生、家长三方联动、合作的操作模式。

教师、学生、家长三方联动、合作操作模式表

研究阶段	课型名称	教师的主要任务与方式	学生活动方式	家长的配合	主要能力指向
研究准备阶段	研究启动课（1课时）	（1）讲解课程意义；讲解基本的学习方式，分组方式；（2）讲解选题标准；（3）启发学生提问，指导学生初选题目。	接受、了解；提问讨论、质疑。	了解课程的意义，支持、鼓励孩子大胆研究。	发现问题、提出问题的能力。
	课题选择课（1课时）	（1）指导学生对初选选题进行论证；（2）组织学生答辩、质疑；（3）指导学生评出可以立项正式研究的课题。	表达自己的研究愿望；提出猜想，分析思考，选择课题。	尝试启发孩子发现家庭生活中的题材。	问题论证、分析的能力。
	课题分解课（1课时）	（1）讲解课题分解的方法；（2）指导学生用合适的方法分解立项的课题。	提出问题，分类梳理，确定子课题并分组。	引导孩子多角度思考问题。	问题分解的能力。

续表

研究阶段	课型名称	教师的主要任务与方式	学生活动方式	家长的配合	主要能力指向
研究实施阶段	研究策划课（2 课时）	(1) 指导制定计划的方法，可提供表格； (2) 关注各组的计划，给予一定可行性建议； (3) 组织交流计划；观察学生表现。	进行计划的设计； 开展计划的交流； 完善本组研究计划。	给予建议。	组织、策划、管理的能力；合作、交往能力。
	信息搜集整理课（7 课时，课内外相结合）	(1) 为进行方法指导（观察、调查、网络等）提供必要的书籍、报刊； (2) 提供必要的硬件设备（微机等）； (3) 组织实地采访观察学生表现； (4) 教学资料分类、数据统计、要点概括的方法； (5) 帮助学生整理分析资料，观察学生表现。	调查活动，采访活动，设计实验，观察、记载； 选择有用信息，记录、归纳、梳理信息，形成实证，生成新问题。	提供外出机会，支持孩子实践，保障安全。	利用各种手段收集信息和处理信息的能力；合作交往能力。
成果表达交流阶段	成果表达课（1 课时）	(1) 进行具体方法指导（如论文撰写的方法）； (2) 督促学生根据平时记录作总结； (3) 提供多种成果表达方式，供学生选择； (4) 观察学生表现。	分析各种资料，创新表达方式，表达研究结果。撰写论文、报告，制作实物等，形成对问题的解释。	给予建议。	创意表达自己的观点与结论的能力（写作为主）；设计实验证明自己观点的能力；合作交往能力。
	成果展示交流课（1 课时）	(1) 具体方法指导，介绍展示评价考核指标； (2) 提供交流的平台，激励交流愿望； (3) 评价学生活动成果。	比较各种解释，各组结论； 评价自己的成果； 验证自己的结果。	欣赏孩子的表达。	创意表达自己的观点与结论的能力（口头）；设计实验证明自己观点的能力。
	总结反思课（1 课时）	(1) 提供反思方法，提升孩子的自信心、科学精神、关注生活的热情和社会责任感； (2) 反思自己的指导策略。	反思、总结研究过程； 提出新的问题。	给予建议。	反思能力、发现问题的能力。

（二）小课题研究课堂指导教案集

第一阶段：研究准备阶段（共 3 课时）

第 1 课时：研究启动课

需要进行的方法渗透：选题的一般方法。

一、教学基本流程

（1）教师介绍小课题研究的意义、含义、一般过程、常用方法、注意事项等。（熟悉以后可略去）

（2）总结上学期研究情况。（学生表现，课题获奖情况等）

（3）对本领域的研究范围和内容进行简单说明，可以给出本领域的研究范例，也可以是别的领域成功的例子，并总结、介绍选题的一般方法。（见后面的知识讲座内容，学生熟悉后可略去）

（4）通过文字、图片、光盘等介绍一些与本领域相关的新闻、时事，创设情景，启发学生从身边的生活去思考可以选题的范围。

（5）学生自主汇报从实践中发现的问题或是想要研究的课题，教师应当将它们分类板书在大黑板上。

要点提示：在课堂教学环节中，教师可以引导学生将平时在观察、调查等实践活动中发现的问题在班级进行集中汇报交流，鼓励学生大胆提出并选择一些自己想研究的问题。教师教会学生分析问题，确定哪些问题可以转化为综合实践活动课程的主题。教师可将学生的问题按“是什么？”“为什么？”“怎么做？”三方面归类，对于回答“是什么？”这一层次的问题，解决比较容易。而对于回答“为什么？”“怎么做？”这一层次的问题，研究起来比较复杂，花费的时间也较长，一般都可作为综合实践活动课程的主题。但能否最终立项，还要进行论证，所以要注意搜集资料。

（6）教师对学生提的问题大致做一个点评，确定几个初选的题目，将孩子按兴趣分为几个组，确定组长。

（7）给每组发课题论证答辩问题单，解释问题单上的要求，引导学生回家后按问题单要求准备论证，组长分配任务。

二、配套知识讲座

选题的一般方法与一个好课题的标准。选题的一般方法是从生活中发现，从学科学习中延伸，在已有研究上扩展，教师推荐，从资源包上或文、理、艺综合等资料上选取。（可举例）

一个好课题的标准可以概括为以下四点：（1）感兴趣。（2）贴近生活，有意义。（3）视角独特，有创意。（4）选材小，可操作。

三、配套课外作业

（1）要求课题提出者搜集相关资料，教师发放问题单。

（2）每个小组分工合作，共同回答课题论证问题单上的问题。看看别的相关研究达到了什么程度，还有哪些问题等，在下节课进行开题论证答辩。

四、配套学习的工具与范例

（参见本书 49 页《树人小学小课题选题记录单》）

五、课例参考

《如何选题》

【指导目标】

（1）指导学生总结出小课题选题的标准。

（2）指导学生根据标准选题。

（3）现场选题，共同讨论得出候选题目。

【导前准备】

（1）教师收集成功的小课题案例，从大量的成功选题中总结选题的标准并能对其进行延伸提问。

（2）制作 PPT。

【课时安排】

建议1课时。

【执教年级】

四年级。

【指导过程】

一、引入

出示爱因斯坦的话，引导学生理解："提出问题往往比解决一个问题更重要。因为解决一个问题也许仅仅是数学和试验上的技能而已，而提出新的问题，新的可能性，从新的角度去看旧的问题，需要创造性的想象力。"

通过师生共同理解爱因斯坦的话，让学生理解小课题选题的定义。教师总结第一部分内容："请同学们发挥你们的创造力、想象力，对生活、对学习、对大千世界提出问题；我们一起来提炼它，一起来确定研究的对象。这就是我们说的小课题选题。"

二、指导学生总结小课题选题的要求

（1）提问：参加过小课题研究的同学请举手。你们研究的课题名称是什么？你们是怎么想到这些课题的呢？

（2）出示学校过去研究的小课题题目。

提问：这些课题有什么样的特点？从哪些角度去研究的？

（3）启发学生，同时抓住学生回答中的关键字句，请回答得好的学生将自己的关键字句写在黑板上。

（4）总结选题的要求：A，感兴趣。B，贴近生活，有意义。C，视角独特，有创意。D，选材小，可操作。

学生通过对过去课题实践的体会以及对成功课题的分析，发挥自己的逻辑思维能力、分析能力、归纳总结能力，在教师的引导下总结出小课题选题的要求。教师需要再次强调四个要求的重要性。

三、学生自主选题

（1）学生根据总结出的要求，分小组讨论现场选题。

（2）学生反馈、交流各自的选题，陈述选题理由。请小秘书将基本合理的题目写在黑板上。

（3）和教师进行答辩，答辩成功即立题成功。

选题前教师强化要求，选题时教师巡视参与并个别指导。学生陈述选题时，教师需要随机应变，引导学生筛选合理的选题，并对学生的选题进行提问，对满足四个要求的课题给予肯定。

注：教师对学生提出问题：(1) 是否全组的同学都感兴趣。(2) 该问题是否真实存在，是否值得去研究？(3) 别人有类似的研究吗？别人的结论是什么呢？你是否有新的研究角度、新的推论呢？(4) 将如何进行研究？采用哪些方法？

四、总结

(1) 教师总结："同学们通过思考，总结出了小课题选题的要求，一起选出了几个候选题目。但这并不是最后的选题，因为还有一个问题是同学们在课堂上无法解决的，那就是别人有没有类似的研究？结论是什么？如果有，那我们能不能从新的角度、新的方法去得出新的结论呢？"

(2) 家庭作业：进一步查找这几个候选题目的资料，解决最后一个问题。准备好下一节课的最后答辩内容，以此确定本学期最终研究课题。

执教教师：树人小学　王一

第 2 课时：课题选择课

需要进行的方法渗透：如何论证课题的可行性？

一、教学基本流程

(1) 教师交代本节课的任务：对初选的课题进行论证。教师可以示范论证一个课题，得出一般方法，对课题论证的"问题单"进行简单讲解。

要点提示：在主题初步确定阶段，学生们的最初选题会很丰富，但有些课题却无法真正开展。比如，有的制作领域组提出了"杨梅栽培技术""豆芽栽培""家电维修相关问题研究""灵芝盆景制作与研究""树人校服设计"等十多个设想，此时教师应指导学生进行比较分析，让学生逐渐认识到这些课题存在杨梅种植周期长、影响因素复杂，家电维修技术要求高，灵芝盆景制作与研究难以操作等问题，因而最终选择了"豆芽栽培""树人校服设计"这 2 个主题。

(2) 提出课题者按问题单自问自答，再次整理现有资料。

教师引导学生根据搜集到的资料，将原问题进行整合、提炼（一般归类相同的问题），不断修改自己的方案并转化为综合实践活动课程主题，合理表述课题名称。

（3）依次上台论证，进行答辩与接受提问。（30 分钟）

教师要帮助学生分析主题的价值，通过比较分析的方法，确定最有价值的主题和学生最感兴趣的问题。

（4）评出可以正式立项研究的课题，注意控制数量，指导学生规范地表述主题。（4 分钟）

注：主题必须具体、明确、有新意，要能够非常清楚地反映研究内容、范围和研究方向。

例如，集体舞与早恋——集体舞对中学生异性交往影响的调查。

二、配套知识讲座

课题论证的方法和重要性。（见答辩问题单，教师应当熟悉这些问题）

三、配套课外作业

（1）把将要研究的课题告诉父母，听听他们的建议。

（2）搜集自己想研究的这个课题的相关资料，确定自己想深入研究的方向，在下节课进行课题分解，并按分出的子课题进行最后的分组。

四、配套学习的工具与范例

（参见本书 50 页《树人小学小课题立项答辩问题单》）

五、课例参考

《小课题选题答辩会》

【指导目标】

（1）学生通过答辩确定值得研究的课题。

（2）学生通过资料整合、答辩，明确研究任务。

【导前准备】

（1）学生课前收集候选课题相关资料。

（2）学生课前完成小课题立项答辩问题单。

【课时安排】

建议 1 课时。

【执教年级】

六年级。

【指导过程】

一、复习小课题选题标准

上一节课同学们总结出了小课题选题的标准，我们一起来回忆一下。

小课题选题标准：（1）感兴趣。（2）贴近生活，有意义。（3）视角独特，有创意。（4）选材小，可操作。

二、呈现候选课题

请各组将题目贴在黑板上。

三、明确任务，做好答辩前的准备

这些选题真的值得我们去研究吗？如果值得，应该从哪些方面进行研究呢？今天，我们要进行一场小课题选题答辩会。通过课题组代表进行 3 分钟陈述，同学们再进行 3 分钟自由答辩，提出质疑倾听建议。

四、候选课题分别进行陈述、答辩

在答辩过程中，教师进行适当的描述性评价。当学生视野窄、主题不明确时进行引领，从方法上进行引导。鼓励学生多提建议。注意控制答辩时间 3 分钟。答辩结束后，教师进行简要点评。

五、总结

下一节课，我们将把这些课题进行分解，制定研究计划，明确具体的研究方向及任务。

执教教师：树人小学　王一

第 3 课时：课题分解课

需要进行的方法渗透：课题分解的方法。

一、教学基本流程

（1）交代本节课任务。对选定的课题进行分解，形成子课题，再按每个人的兴趣形成小的研究组。（3 分钟）

（2）讲解、介绍课题分解的范例（可选择参照如下案例），总结分解课题的常用方法。以下四种方法，仅供参考，希望教师在具体操作中灵活运用，自

主总结一些适用的方法教给孩子们。(14 分钟)

注：把一个主题按照猜想或是朝着学科进行分解的方法比较适合学生，也对很多课题都适用。

(3) 学生围绕这个大主题，根据教师讲的方法，汇报自己先前收集的信息和感兴趣的问题，提出一些猜想。教师分组巡视，帮助学生提出相关研究方向和假设，分解主题，并板书在黑板上。(14 分钟)

(4) 学生根据自己感兴趣的课题自然分组，明确每个研究小组的目标和内容。(6 分钟)

确定活动主题后，学生可根据自己喜欢的主题自由分组，组成 3~6 人小组。在此阶段，教师一般引导学生简单汇报自己小组研究的活动主题，并说说选择本主题的原因，其目的是给全班学生一个整体印象，并增强目标的针对性。

(5) 发给研究小组组长研究策划表，分组初步讨论分工，教师巡视指导。(3 分钟)

二、配套知识讲座

分解一个课题常用的 4 种方法。

第一种方法：可从学生熟悉的领域和感兴趣的方面入手，由学生自己提出小的研究方向，从不同的角度进行研究。(在学生较为熟悉以后使用)

案例：《校园集体舞给我们带来的思考》。

大致流程有：集体舞对小学生异性交往影响的调查—我区中心片区小学校园集体舞实施情况调查—小学生看待集体舞的态度分析—推广校园集体舞策略研究—关于广播操与校园集体舞对小学生体质增强情况的对比研究—改编一套集体舞或集体舞动作创编等。

第二种方法：引导学生向人与自然、人与自我、人与社会三个向度拓展，分解主题。

综合实践活动围绕人与自然、人与社会、人与自我三条线索全面展开，为此，师生开发设计的主题活动就涉及自然问题、社会问题、自我问题三个方面。在综合实践活动实施过程中，不管是哪个主题，教师都从三个方面进行整体关注，从课程开发的三个维度（自然、社会、自我）切入，就能充分挖掘主题活动中所蕴含的自然因素、社会因素、自我因素，达到“整体、综合”之目的。

案例：从三大主线分解“我们的校园”。

自然：学校的地理位置（做分布图、平面图），绿化情况（做绿化模型，做校园花草、树木种类、特征的研究）等。

社会：学校的历史文化变迁（如校史研究，实地走访校友等），学校的教育教学特点、班级学生风貌等（如课程设置与学生喜欢程度调查）。

自我：我们的学校生活（我们的午餐），我是小小管理者（查找校园安全隐患，大课间下楼路线等），我为学校做什么（树人校服我设计等）。

第三种方法：引导学生向所学课程拓展，分解主题。

综合实践活动分解主题也可以采用学科渗透式的方法进行，对每一个活动主题，都向学科延伸，从中挖掘出小主题。

案例：探秘生活中的广告，分解可以按如下方式进行。

语文：广告的表达艺术，广告语征集与设计等。

数学：影响广告价格的因素分析调查，广告时段。

品德：广告的利与弊（虚假广告的危害），明星与广告，公益广告创意研究。

艺术：广告的美工与配乐。

英语：广告中的英语单词及用法。

传播学：广告的种类与特征，广告的发展历史等。

第四种方法：根据对同一问题的不同假设分组。（常常用于实验法研究中）

案例：三棵树激发的学习兴趣。

（1）问题的提出或背景介绍。

格瑞哈姆女士在五年级任教。秋天，学生们在休假一天后返回，她班上有几个学生很兴奋，他们把老师拉到窗前，指着外面说："操场上那几棵树怎么了？我们发现它们有些变化。"格瑞老师不明白学生的意思，说："告诉我你们的意思是什么？"

学生们指着并排长着的三棵树，一棵叶子掉光了；中间那棵树叶子的颜色参差不齐，但主要是黄色；第三棵树叶茂密苍翠。学生们问："为什么这三棵树会有这么大的不同呢？它们过去看上去不都是一样的吗？"老师无言以答。

按课程计划，这个班级要到这一学年的后期才开始学习植物，不过格瑞老师认为这正是学生们去调查植物生长情况的好机会，由于问题是学生们自己提出来的，所以可能会特别激励他们去寻求答案。老师决定"冒一次险"，让学生在她的引导下进行调查。毕竟学生有过一些经验，去年他们曾观察过种子在不同条件下的生长情况。

注：当问题来源于学生生活时，学习兴趣还需要教师去激发吗？教师在准确把握问题难度的同时也感受到了挑战，学习过程的确是向"未知方向挺进"。

（2）分解出具体的研究目标和研究内容，然后分组。

格瑞老师将一张大牛皮纸挂在学生们都能看到的位置上，告诉学生：列张清单，把那些认为有关外面三棵树差异产生的所有可能的解释都写在上面。

学生们写下了：与光照有关；一定是太多水的缘故；这三棵树看起来不同，可过去它们看上去是一样的；秋天到了，有些树的叶子会比其他树掉得早一些；地下有有毒物质；三棵树年龄不同；有害虫吃树叶；一棵树比另两棵要老一些……

当学生们认为已提出足够多的观点时，格瑞老师鼓励他们进一步思考，在这些观点中，有哪些解释可以进行调查，哪些只是描述？

请每一位学生挑出一个自己认为是正确的解释，并据此将学生分成小组，例如“水”组，“季节”组，“树龄”组，等等。

注：这是非常关键的一个步骤，教师的作用在很大程度上是组织，问题确定后引导学生发散思考，提出猜想，并教给一些研究方法（如区分哪些解释可以进行调查，哪些只是描述），然后科学、恰当地将大组分成较小的组，让学生体会什么是合作研究。

三、配套课外作业

（1）完成研究策划表的框架。

（2）回家思考本组小课题研究的目标、内容、方法等。

四、配套学习的工具与范例

（参见本书 51 页《树人小学学生小课题研究课题分解单》）

五、课例参考

《用自己的眼睛看世界》

——课题分解指导课

【指导目标】

（1）让学生知道课题分解的重要性，了解课题分解的方法和提出问题的标准。

（2）引导学生能围绕“世界”这个大课题进行逐层分解，并提出感兴趣的问题。

（3）让学生提问的兴趣得到激发，问题意识增强。

【导前准备】

(1) 学生根据自己的兴趣，提出一个关于“世界”的问题；对于自己最喜欢的学科提出一个感兴趣的问题。

2. 制作 PPT。

【课时安排】

建议 1 课时。

【适用年级】

六年级。

【指导过程】

一、揭示课题，初提问题

（一）初提问题，了解课题分解的意义

(1) 关于这个多彩缤纷的世界，你最想了解哪些问题呢？

(2) 小结。

(3) 展示课题，并板书。

（二）从感兴趣的角度入手，提出感兴趣的问题

(1) 学生交流问题，教师画出线条分支。根据学生的所提的问题，总结出提问的标准（感兴趣、可操作、有价值、有创新）。

(2) 小结。

二、学科拓展，分解主题

（一）看素材，从不同的学科角度尝试提问

(1) 交流自己喜欢的学科。

提问学生，看他们最喜欢哪个学科？为什么？

教师板书：语文、科学、体育、音乐、美术……

(2) 看素材，猜学科。

下面看一组关于世界的素材，看看它们分别跟哪些学科有关？

(3) 任选一个喜欢学科尝试提问。

学生提问，教师依据学科角度、提问标准进行点评

（二）围绕某一学科，深层提问

(1) 欣赏作品，提出问题。

让我们再次走进《蒙娜丽莎》。仔细观赏这幅名画，结合文字介绍，看看

自己能提出什么问题？先独立思考，再小组内讨论。

2. 全班交流，教师结合分解角度和提问标准，进行点评。

三、小组合作，分解提问

（一）课题分解，提出问题

学生根据导学提示，参考备选课题，小组合作，提问并筛选，完成导学单。

（二）全班展示，师生共评

教师进行总结、拓展：通过今天的学习，我们掌握了课题分解的方法，提出了很多有价值的问题。正如爱因斯坦说的，提出一个问题往往比解决一个问题重要！

板书设计：

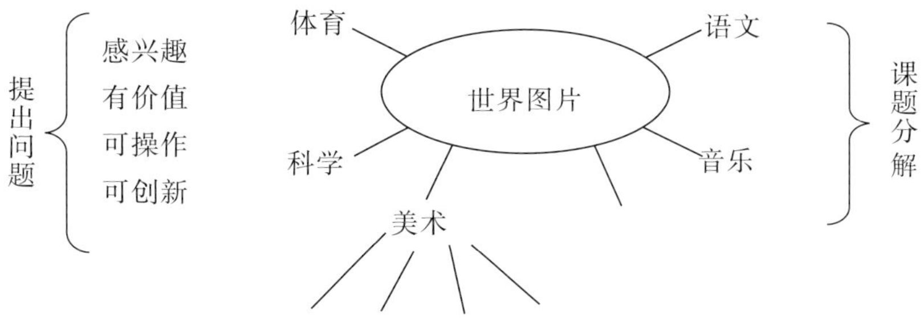

执教教师：莲光小学　杨小兰

（重庆市中小学综合实践活动现场课竞赛一等奖）

第二阶段：课题研究实施阶段（共 9 课时）

第 1 课时：活动策划课（1）

需要进行的方法渗透：如何拟定计划表，做策划？

一、教学基本流程

（1）教师再次明确每个研究小组的小课题名称、研究目标。（5 分钟）

（2）教师讲解做计划的重要性与要领。（5 分钟）

教师讲解学校研制的计划表中的每一个项目，让学生明白其中的要领与填写方法，从表中受到一些启发。

（3）教师提供小课题研究计划表格，指导学生分组讨论，填写表格。（30分钟）

熟悉以后，可以在课外先进行表格的试填，特别要明确具体要完成的任务。

（4）教师巡视指导，及时肯定好的创意，指出那些不宜开展的活动。

注：上这节课前，教师应该熟悉“计划表”的内容和填写方法。

二、配套作业

与父母研讨方案，征求父母意见。

第2课时：活动策划课（2）

需要进行的方法渗透：如何做策划、做方案？

一、教学基本流程

（1）分组交流、评论、补充。

每个小组的学生逐一汇报本组计划（最好利用视频展台），特别要明确具体要完成的任务、时间、地点、方法的选择，通过交流，相互补充。教师要重点指导学生的安全防护意识，鼓励有创意的计划，鼓励思考较为周密的计划。

（2）分组改进计划，修订完善活动策划方案。教师再次分组巡视指导。

要点提示：分组交流与改进计划是非常重要的，一般在第二课时进行。方案越具体，实施起来越明确，教师就越轻松。

二、配套作业

（1）改进本组方案。

（2）准备按方案执行所需的物品、工具等。

三、配套学习用的工具与范例

[参见本书41页、52页《树人小学学生小课题研究计划表（中低段、高段）》]

四、课例参考

《自己来设计制作一本书》

——研究计划指导课

【指导目标】

（1）了解研究计划的基本内容。

（2）掌握如何进行研究内容的设计和研究方法的选择，能恰当选择研究内容及研究方法。

（3）通过研究计划表的设计，培养学生组织、策划、合作的能力。

【导前准备】

制作研究计划表、制作 PPT 等。

【课时安排】

建议 2 课时。

【执教年级】

四年级。

【指导过程】

一、揭示活动主题

（1）教师向学生讲解我们的生活离不开书。

（2）出示线装书，问学生见过这种书吗？它有什么不同？

（3）揭示活动主题，板书课题。

二、指导制定计划

让学生明白计划的要领与填写方法。

（1）每一次开展活动之前，都要制定计划，为什么？

教师补充讲解研究计划的重要性，制作 PPT。

（2）询问学生以前是怎样制定计划的？（教师根据学生回答板书）

（3）每一次活动主题不同，制定计划也不完全相同，但是它们有共同的地方。小组讨论：哪些是共同的地方？（交流后板书：活动目标、活动准备、研究方法、分工等）

（4）（出示空白的计划表）综合大家的意见，设计《自己来设计制作一本书》的计划表。在 PPT 上看一看，哪部分填写有困难？

教师预设：我们准备的几项活动。

（5）猜一猜：准备完成的活动有哪几项？

（6）议一议：哪些活动适合？学生最想了解什么或者做哪些事情？为什么？

预设：

自己来设计制作一本书
- 观察和认识书
- 自制一本线装书
- 成果展示

教师提示：《资源包》这一个主题还给我们安排了一些内容。（自制一本精装书）同学们可以用也可以不用。

（7）确定了准备完成的活动后，该选择哪些研究方式，为什么呢？

（学生说到哪个活动就以哪个活动为例）

三、制定研究计划

（1）展示 PPT，制定要求。

> 计划制定小贴示：
> 1. 制定计划时每个人都要积极思考，为小组献一份力。
> 2. 组长要领导好小组，合理分工。
> 3. 比一比哪个小组制定的计划又快又可行。
>
> 时间：20 分钟

（2）学生开始制定计划，教师巡视指导，给予各组一定可行性建议。

在制定研究计划时，学生根据研究内容分组和分工。

四、交流研究计划

【关键点】明确具体要完成的任务、时间、地点，方法的选择要恰当。

（1）分享计划，指名两个小组汇报，组际评价。

思路导航：（通过 PPT 讲解）

①准备完成的几项活动可行、全面吗？

②分组和分工是以学生的喜好和特点为根据的吗？

③选择的研究方法能完成活动内容吗？

评价提示：大家觉得这份计划好在什么地方，还有哪些不足，有什么建议呢？

指导提醒：教师鼓励思考比较周密的计划。

（2）分组修改计划，完善本组研究计划。教师巡视指导。

五、课外作业 PPT

（1）改进本组方案。
（2）准备按方案执行所需的物品、工具等。
（3）与父母研讨方案，征求父母意见。

执教教师：沙坪坝区实验一小　涂蓝月

第 3—6 课时：资料搜集课

需要进行的方法渗透：问卷调查法、文献法、访谈法、观察法、实验法的运用。

一、教学基本流程

（1）向学生交代清楚需要搜集什么资料，要用到什么方法？教师应当熟悉每个组的课题。

（2）教师应当熟悉学生所选课题的情况，从常用的 5 种方法（问卷调查法、文献法、访谈法、观察法、实验法）中选择讲解适合本课题研究的一种或多种方法。

（3）做好搜集资料的各种工具准备，特别是关于声音、视频、图像、文字资料搜集的工具。

（4）讲完后让学生立即实践这种资料搜集方式，这是关键。

（5）除了网上查阅、文献查阅外，必须带领学生到现场去搜集资料。

要点提示：这类课没有固定的教学流程，可以先搜集资料，再慢慢整理；也可以边搜集资料，边形成成果展示材料。资料搜集常用方法大致可分为文献资料搜集和实地调查（观察）、访谈法实验和做实验的方法搜集。教师要特别注意“教方法”，应当针对学生的实际年龄情况和对该方法的熟悉程度，原则上采取文献与实地相结合的方法，特别强调到现场去，到真实的生活中去，进入到社会中去，坚决反对仅“在网上做研究”。可以引导学生和家长积极利用双休日和节假日期间，从学校开出介绍信，在小组长或家长的带领下，以极大的热情，纷纷走工厂、串乡村、跑书店，拍照、录像、采访、调查、取证，深入观察社会与自然，开阔视野，丰富见识，增强社会责任感。

二、配套知识讲座

教师根据课题情况讲解并推荐以下几种常用的资料搜集方法。

（一）问卷调查法

问卷调查法是用书面形式间接搜集研究材料的一种调查手段。它是通过向调查者发出简明扼要的征询单（表），请示填写对有关问题的意见和建议来间接获得材料和信息的一种方法。

一般流程为：明确调查主题，确定问卷类型；围绕研究目的，设计调查问卷；开展问卷调查，及时回收问卷；统计问卷结果，分析调查数据。

注意：调查者一定要明确此次问卷调查的研究目的是什么，然后根据研究目的来具体设计调查问卷。问题的设计应该是循序渐进、层层相关的。发放问卷需要把握好时机，在问卷回收时，周期不能拉得过长，否则会影响整个调研过程。统计问卷结果与数据分析是整个调查过程中十分关键的一步，要尽量保证数据的完整性与准确性。

（二）实验法

实验法是指，在控制条件下操控某种变量来考查它对其他变量影响的其他方法。

一般流程为：提出猜想—制定计划—实验操作—记录与分析数据。

注意：设计实验的时候，最好采用“对比实验”的策略，便于搜集数据，比较分析，而且特别注意实验安全。

（三）访谈法

访谈，就是研究性交谈，是以口头形式，根据被询问者的答复搜集客观的、不带偏见的事实材料，以准确的说明样本来代表总体的一种方式。尤其是在研究比较复杂的问题时需要向不同类型的人了解不同类型的材料。

一般流程为：根据访谈目的设计好问题或问卷，联系访谈对象、现场采访记录，整理要点或统计分析。

注意：访谈法通过面对面直接交谈的方式搜集信息资料，适用于教育调查、求职、咨询等，既有事实的调查、也有意见的征询，更多用于个性、个别化研究；访谈时要注意采访礼仪的学习与指导。教师可以指导学生使用配套提供的“合作采访记录卡”，也可采用录音、录像等方法记录。

（四）观察法

观察法是研究者有目的、有计划地在自然条件下，通过感官或借助于一定的科学仪器，对社会生活中人们行为的各种资料进行搜集的过程。

一般流程为：制定好观察提纲，在提纲上列出观察内容、起止时间、观察地点和观察对象，也可制成观察表或卡片，按计划实行观察，做好详细记录，最后整理、分析、概括观察结果，做出结论；养成观察习惯，形成观察的灵敏性，注意观察与思考相结合。

注意：每次只观察一种行为；所观察的行为特征应事先有明确的说明；观察时要善于捕捉和记录。采取时间取样（抽取某一典型时段）的方式进行观察。

（五）文献法

文献法也称历史文献法，就是搜集和分析研究各种现存的有关文献资料，从中选取信息，以达到某种调查研究目的的方法。它所要解决的是如何在浩如烟海的文献资料中选取适用于课题的相关资料，并对这些资料做出恰当分析和使用。它能全面系统地反映某一研究专题在某一历史时期内的发展情况、当前状况及未来发展趋势。将大量资料整理分析，会得到一个脉络清晰、有内在逻辑关系的发展概况。

一般流程为：文献搜集—摘录信息—文献分析。

注意：文献法在时间上采用倒查法；范围数量上应有所限制，选择影响大、专业性强的资料，紧紧围绕课题进行研究；质量上应首选第一手资料，以保证可靠性、准确性；领域上注意跨学科、跨领域搜集资料。

研究文献的阅读原则有以下 4 个：

计划性原则：查阅目的一定要清晰，具体；

顺序性原则：先原始文献再文献综述，先一般文献再专业文献，先书籍后论文，先两头后中间，先主要后细节；

批判性原则：“尽信书不如无书”，所有文献仅作参考；

同时性原则：阅读应贯穿研究始终，不断地深入学习与思考是研究最大的收获。

文献搜集的范围有以下几个方面：

相关网站和专著原文；

搜集国家统计局和各级地方统计部门定期发布的统计公报、定期出版的各类统计年鉴；

搜集各种经济信息部门、各行业协会和联合会提供的定期或不定期信息公报；

搜集国内外有关报纸、杂志、电视等大众传播媒介；

搜集各种国际组织、外国商会等提供的定期或不定期统计公告或交流信息；

搜集国内外各种博览会、交易会、展销订货会等营销型会议，以及专业性、学术性会议上所发放的文件和资料；

搜集工商企业内部资料，如销售记录、进货单、各种统计报表、财务报告等；

搜集各级政府公布的有关市场的政治法规，以及执法部门有关经济案例；

搜集研究机构、高等学府发表的学术论文和调查报告。

三、配套作业

告诉家长研究进度，寻求家长帮助与支持。

四、配套学习工具及范例

（参见本书 42 页、56 页《树人小学小课题研究小组合作访问卡》和 43 页、53 页《树人小学小课题研究观察记录卡》）

五、课例参考

《对食堂浪费现象的思考》

——调查问卷指导课

【指导目标】

（1）了解调查问卷的操作步骤、问题的设计及数据的统计。

（2）培养学生自主、合作、探究学习的能力，掌握一些基本的问题解决方法。

（3）树立节约粮食的思想意识，并倡导将其付诸行动的好品质。

【导前准备】

制作 PPT。

【课时安排】

1 课时。

【执教年级】

五年级。

【指导过程】

一、视频导入

从一段视频引入食堂倒饭的现象，展现出人们对待倒饭持有的不同的态度。

二、提出问题

根据人们对待倒饭出现的不同观点，揭示主题——“支持哪种观点”。探索人们对“随意倒饭是浪费的行为么?”这个问题具体会持有哪种观点?

三、择法研究

让学生学习有什么办法可以去了解人们的观点。

预设谈话法和问卷法。从这两种方法中再利用速度更快、信息更准确的标准选出更理想的方法——问卷法。

四、解决问题

（一）了解步骤

小组内对调查问卷的步骤进行回忆讨论，理清步骤顺序。

（二）设计问题

让学生围绕“随意倒饭是浪费行为么?”这个调查目的尝试来设计一份简易的调查问卷。

问卷设计要求：

（1）围绕人们觉得倒掉剩饭剩菜是否浪费这个调查目的来设计问卷。

（2）只设计两道封闭式问题。

（三）汇报展示

小组汇报展评，其他小组进行点评或提出建议。

从学生的汇报问题中，围绕调查目的提得最多的几个问题整理出一份调查问卷。

1. 你倒过饭么?（ ）

A. 倒过，经常　　B. 从来没有　　C. 倒过，偶尔

2. 你觉得倒掉剩菜剩饭浪费吗?（ ）

A. 浪费　　B. 不浪费　　C. 无所谓

3. 你怎么看待别人倒饭?（ ）

A. 支持　　B. 反对　　C. 无所谓，见怪不怪

并在顺序摆放上让学生自己按照问题需要，以层层递进的方式来排列结论。（标注出 1、2、3）

(四) 实际调查和数据统计

利用扫描二维码的形式快速将学生对于这三个问题的意见进行收集，并让学生从软件生成的统计图中探索信息，领会统计图展示数据的直观、清晰。

(五) 方法归纳

让学生总结今天为了探究大家对倒饭这件事情的不同观点经历的几个过程，即提出问题—大胆预测—择法研究—解决问题。

这就是常见的一种探究方式。

五、拓展延伸

提出今天用这种方式仅仅是对随意倒饭的支持观点进行了研究，那么，还有哪些问题是学生想要去研究的。

下课后，让学生学会运用这样的探究方式来探究自己感兴趣的问题。

执教教师：雷蕾

(重庆市中小学综合实践活动现场课竞赛一等奖)

《如何防止削了皮的苹果变色》

——实验法指导课设计

【指导目标】

(1) 了解实验法的基本步骤。

(2) 通过动手实验，验证哪些方法能防止削了皮的苹果变色。

(3) 初步感受实验法的重要作用。

【导前准备】

制和 PPT，准备苹果若干、沙拉酱、柠檬汁、保鲜膜、糖水、盐水等。

【课时安排】

1 课时。

【执教年级】

三年级。

【指导过程】

、导入

小课题研究到现在已经进入实施阶段，将会用到多种方法，比如文献查阅法、调查法、访谈法等。今天，教师要和学生一起去感受一种重要的小课题研究方法——实验法。

二、实验法的基本过程

（一）提出猜想

（出示已经变色的苹果）教师提问：同学们，这样的苹果你们愿意拿出来招待客人吗？看着这个变色的苹果，你有什么疑问？（学生质疑）有哪位同学可以帮我们解决这个问题？（学生自由回答）

教师引导学生看看通过查阅资料得到的结论。（用 PPT 展示相关网页内容）

有哪些方法可以防止削了皮的苹果变色呢？面对这么多的方法，需要通过实验来对这些猜测进行验证。

（二）制定计划

教师提问：在实验前，一定要制定详细的实验计划。哪位同学可以告诉老师实验计划里应该包含哪些内容？（用 PPT 展示实验计划表）

实验计划一般包含这六个方面的内容：实验目的、实验要求、实验猜想、实验工具材料、实验步骤、注意事项。

教师准备了沙拉酱、柠檬汁、保鲜膜、糖水、盐水等材料，每个组选择一种对它进行验证。（学生领材料）

（三）实验操作

第一步，直接从苹果上切下两块（教师演示切苹果）。

第二步，把其中一块苹果放置在 1 号表面皿里面不做任何处理，另一块苹果进行处理，时间是 1 分钟，然后把它拿出来，放置在 2 号表面皿里。

第三步，将两块苹果进行对比，仔细地观察，并且按照要求分别在 1 分钟、3 分钟、5 分钟的时候做好记录。（用 PPT 展示观察记录表）

（PPT 温馨提示）

第一，苹果是我们的实验材料，所以不要吃苹果。

第二，用刀切苹果的时候一定要注意安全。

第三，请同学们严格按照规定的时间进行记录。

接下来学生进行实验。

（四）得出结论

对实验的结果做简单的分析和总结。

（用 PPT 展示表示效果好、效果一般、效果不好的三种符号）

请每个小组依次上台展示实验结果。

教师提问：同学们，看着这些实验结果，你有什么疑问吗？（学生质疑）

三、实验法的应用

同学们今天感受了实验法，请大家回忆，实验法主要包括哪些主要步骤？

（1）提出猜想。（2）制定计划。（3）实验操作。（4）分析结果。

教师提问：今天，通过感受实验法的四个基本步骤，你们觉得实验法的作用大不大？

（学生说感受）

总结：实验法是为了验证某种猜想而进行的操作。通过实验，可以证明一些猜想，更可以推翻一些原以为是正确但实际是错误的认识。人类伟大的发明家爱迪生正是在这种不断的证实与证伪中才找到了合适的灯丝材料——钨丝。（用 PPT 展示爱迪生发明电灯的故事）

实验法不仅在发明创造中有很大的作用，在我们的小课题研究中也有广泛的应用。今天，通过研究如何防止削了皮的苹果变色，我们感受了实验法。希望同学们能把实验法应用到小课题研究和平时的日常生活中，通过实验去解决问题，去发明创造，做一个勇于动手的小小实验家。

执教教师：树人小学　谭索

《寻找生活中的“红岩精神”》

——合作采访指导课

【指导目标】

（1）学习采访的基本方法。

（2）通过合作采访，了解生活中的“红岩精神”。

（3）培养团队合作意识，培养爱国主义精神。

【导前准备】

制作 PPT、采访记录表、小组记录卡。

【课时安排】

1 课时。

【适用年级】

三年级。

一、引入课题

一大批革命先辈，铸就了代代相传的红岩精神，那就是——

（用 PPT 展示，学生齐读：爱国，奋斗，团结，奉献）

在我们生活周围有很多平凡的人，在他们的身上也体现出了爱国、奋斗、团结、奉献的红岩精神，今天这节课，我们就一起来寻找生活中的红岩精神。

二、揭示课题研究方法

教师提问：可以用哪些方法去寻找到生活中的“红岩精神”呢？（学生回答）今天这节课我们一起学习合作采访的方法，来寻找生活中的红岩精神。

三、学习采访方法

要去采访不是那么容易的，要过三关。

（用 PPT 展示：第一关，设计问题；第二关，学习记录；第三关，采访礼仪）

（一）挑战第一关

在设计问题的时候，应该围绕主题提出问题。（用 PPT 展示设计问题的方法）

教师提问：要去采访老师，你想从老师那里了解些什么？（受访者的基本信息、哪些人有红岩精神、具体事迹）

小组合作讨论，把问题写在记录卡的问题栏里。（学生讨论，记录问题）

抽两个组展示，师生评价。

（二）挑战第二关（用 PPT 展示第二关，学会记录）

教师提问：在实际采访的时候，有哪些事情需要我们去做？（提问、记录、追问）哪些现代化的数码工具可以帮助我们记录？（用 PPT 展示各种记录工具）

教师指导：学生可以记录下回答中的关键词、句，还可以采用多人合作记录的方式。

（三）挑战第三关

请一个学生和教师合作，模拟采访现场。就他的采访礼仪，请其他学生说说自己的看法。

在采访的时候应该注意礼仪。（用 PPT 展示采访礼仪）

在小组内按照这几条要求练习。

四、合作采访

（用PPT展示活动要点）
（1）采访前，做好分工。（一个提问，另一个记录）
（2）采访时，轻声细语。（争当文明小组）
（3）采访后，整理记录。（相互补充）
请各小组做好分工（学生用半分钟分工），然后开始采访活动。

五、汇报展示

由组长先做汇报，其他同学可以补充。（读记录卡）教师让学生说一说自己有哪些收获？在采访活动中遇到了哪些困难？

学生通过这节课学会了合作采访的方法。请大家在课后用同样的方法采访自己身边更多的人，继续寻找生活中的红岩精神。

执教教师：树人小学　谭索

《灵巧的感官》

——观察指导课

【指导目标】
（1）能够学会选择正确的感官去观察，做到观察有方。
（2）学会运用观察记录表来进行观察。
【导前准备】
（1）盐、糖、醋、酱油、牛奶、乌龟、橘子。
（2）多媒体课件。
【课时安排】
建议1课时。
【执教年级】
四年级。
【指导过程】

一、提出问题

（1）学生根据课题提出质疑。

（2）了解感官的基本作用。

二、观察有方

（1）运用灵巧的感官判断6杯液体，其中牛奶是运用了眼睛这个灵巧的感官最快判断出来的。

（2）对比醋和酱油，让学生明白光依靠眼睛是无法辨别的，需要运用鼻子这个灵巧的感官。

（3）最后，出示3杯液体：糖水、盐水和矿泉水。因为它们无色无味，所以用嘴尝是最准确、最科学的判断方法。

（4）小结。观察不同事物时，学会运用不同的感官，并且做到观察有方，体会感官的奇妙。

三、巧用感官

（1）了解观察记录表。

（2）以小组为单位进行观察。小组成员运用灵巧的感官进行观察，并把观察结果详细、全面地记录在观察记录表上，培养学生观察的习惯和合作探究的精神。

（3）小组预演。

（4）交流汇报，学生点评。

四、继续探究

在观察和展评过程中产生的新问题，学生可当堂解决，或是下课后搜集资料，再和教师一起交流、讨论。

五、小结（略）

执教教师：沙坪坝区实验一小　刘懿漫

（沙坪坝区综合实践活动赛课一等奖）

第7课时：资料整理与分析课（1）

需要进行的方法渗透：分类整理、筛选资料的方法。

一、教学基本流程

（1）教师展示以前成型的课题资料册，请学生观看。（让学生有实感）这个环节需要教师提前借出一些好的资料册，类型尽可能丰富。

（2）教师借助资料册，讲资料整理的意义、重要性，教给学生分类方法。

（3）学生按课题组进行资料整理的人员分工。

（4）学生进行资料整理分类和筛选的操作活动。（20 分钟）

二、配套知识讲座

讲解整理资料的方法及步骤。

第一步：按资料的分类不同分成七大类，即文字类、表格类、图片类、照片类、日记体会类、绘画类、光盘类。

第二步：把同一类别的资料按试验时间的先后顺序进行排列整理。

第三步：资料量很多的时候，把毫无价值的资料抽出来，保留对课题研究有价值的资料。

第四步：按整理好的顺序和类别用小口袋装好，下节课继续完成整理成册的工作。

三、配套课外作业

要求学生思考，怎样合作完成资料的成册设计和适度美化，准备资料成册的简易相簿或可供资料成册的文具用品等，为下一节课做准备。

四、配套学习工具

（1）以前成册的资料册样本。（由教师提供）

（2）每个人搜集的所有信息、活动资料。

第 8 课时：资料整理与分析课（2）

需要进行的方法渗透：资料整理成册的方法。

一、教学基本流程

（1）教师展示以前成型的课题资料册，对照课题研究报告，引导学生观看。（增加学生对资料整理顺序的意义的感悟）

（2）教师提出按资料获得的时间和类别，有序地进行剪裁和张贴，以及美化的要求。

（3）学生合作将前一节课筛选、整理出来的资料进行裁剪、黏贴、整理成册，并给图片配上简要说明，进行美化。

二、配套知识讲座

讲解要点提示：资料整理成册的方法。（板书，也可以用多媒体显示）

第一步：先在资料册首页的上方写上“……课题研究第一阶段”，再对标题进行突出美化。

第二步：按资料产生的时间为序，先将同一时间的文字资料进行黏贴。对于成员自己写的三言两语的感悟、体会，可以进行裁剪，去掉空白面，保留文字，缩小篇幅，再进行黏贴。文字资料整理完成后，再整理同一时间的图片、照片、绘画等资料。总之，要按照同一时间、不同类别整理黏贴完后，再进行另一时间资料的整理黏贴。

注意：每一个阶段的资料都要有一个课题研究第××阶段的标题。

第三步：把光盘袋用双面胶牢牢地黏贴固定在资料页的扉页。（没有将光盘固定在资料册的最后是因为光盘最好不要被重压，以免损坏）

第四步：对资料册上黏贴的资料进行美化，可以用水彩笔加画框，或者画上图画，使视觉效果更加美观；综合运用美术课知识，使自己在活动中得到身心的愉悦的感受。

三、配套课外作业

学生对综合实践活动课上没有完成的资料册继续进行美化。

四、配套学习用具

简易相簿、剪刀、双面胶、红蓝两色书写笔、水彩笔、光盘袋。

第 9 课时：资料整理与分析课（3）

需要进行的方法渗透：概括文本要点和数据统计分析法。

一、教学基本流程

（1）教师教给学生文字分析和数据统计的方法。

（2）教师带着学生示范分析一篇文字资料。

（3）教师带着学生示范整理分析一份数据资料。

（4）学生分成两个分析组，一个组分析文字资料，一个组分析数据资料。

（5）学生分工合作，进行资料数据统计分析操作活动。

（6）学生把统计分析得出的研究结论和问题记载下来，以备后面完成研究报告采用。

二、配套知识讲座

文字分析和数据分析的方法有以下两种。（板书，可以用多媒体显示）

（一）概括文本要点的方法

第一步：重点、要点勾画法。把课题研究过程中小组成员自己书写的感悟、收获、体会、日记等文字资料逐一读一遍。一边读，一边讨论，把与课题研究关联紧密的句子、段落用红笔勾出来。

第二步：总起句、中心句、总结句、重点过渡句勾画法。练习运用语文阅读知识，对于查阅搜集的与课题研究相关的、逻辑思维推理等比较严谨的科学知识性文字、文献资料，一边阅读，一边把这些资料中进行科学知识讲解分析或归纳的总起句（在文章段落的开头，能概括部分段落内容的句子）、中心句（一般表示一个结论，全文围绕着这个句子的观点展开阐述）、总结句（在段落末尾或者文章结尾处，对上面文章所说内容进行概括的句子）、重点过渡句（把上面的内容转折引向下面的内容的句子，这样的句子，常常会对上面的内容进行归纳，更深层次地引向下面内容的讲解）提出来重点看，因为这些句子会帮助我们快速、精准地提炼出相关知识，有助于我们对课题研究下结论。

第三步：段落大意、主要内容或中心思想归纳法。练习运用语文阅读知识，对于人文地理、生活经营、人际交往、自然常识等比较轻松、自由、随感的文字资料，要在认真阅读后，分层进行段落大意归纳（对于这段文字主要讲了什么内容，一般采用抓要点，用自己的话串联成通顺的话进行归纳）；或者对整篇文章进行主要内容归纳（对于整篇文章主要讲了什么内容，可以采用抓要点归纳，也可以采用段落大意综合法归纳）；或者对整篇文章进行中心思想归纳（就是归纳整篇文章通过描述什么，来表达褒贬观点或情感思想），把这些归纳出来的东西批注在资料旁。

第四步：再看看勾画出来的句子、段落说了哪几个不同的内容或观点，把这些不同的内容和观点分别做好登记；把归纳批注的东西记到笔记本上，以备用作课题研究报告下结论的依据。

（二）数据统计分析的方法

教师应让学生特别重视自己搜集的文字材料中的“图表”，看懂每一个数据。把“调查问卷表”“访问记录表”按照同一问题、不同答案进行归类，数出人数，统计出来（频数统计）。再合计出被采访的总人数，算出同一问题的不同答案下所占人数的百分比，由此得出问卷基本结论。把这些统计出的数据做好记录，以备做课题研究报告结论的依据。

三、配套课外作业

对文字分析和数据分析的内容、数据进行联系思考：课题研究的各个阶段进行了哪些活动？解决了哪些问题？有哪些收获？能得出什么结论？可以有些什么建议？等等。为下一节课形成“小课题研究报告书”做思考。

四、配套学习用具

算盘或计算器，蓝红两色书写笔，笔记本。

五、课例参考

《无土栽培》

——资料整理指导课

【指导目标】

（1）了解无土栽培的相关知识。

（2）在小组合作学习中，学会多渠道搜集和整理资料的方法。

（3）通过分析资料，归纳、总结初步结论。

【导前准备】

两盆植物（一盆有土栽培，一盆无土栽培）、搜集的相关资料等。

【课时安排】

建议1课时。

【执教年级】

四年级。

【指导过程】

一、创设情景，对比揭题

（1）教师展示两盆植物（一盆有土栽培，一盆无土栽培），引导学生仔细观察，讨论有什么发现？

（2）引出无土栽培，板书课题。

二、提出问题，自主探究

（1）默读课题，请学生提出自己的疑问，师生共同整理、归纳问题。重点引出本节课要解决的问题。

（2）了解研究途径，即解决问题的途径有哪些，如上网、查阅书籍、请教他人、小组合作探究等。

三、合作探究，解决问题

（一）分类整理

（1）提出要求：重点解决黑板上的六个问题，出示活动要求。

（2）示范分类：教师出示一份搜集的资料，讨论这份资料能解决哪个问题。

（3）小组活动：各组在组长的带领下，对搜集的资料进行分类整理。

（二）按需选择

（1）明确要求、按需选择：哪个组愿意来解决第一个问题？

（2）组内合作、学生活动：小组按照要求对资料进行选择，完成汇报单。

四、展示评价，拓展提升

（1）展学：按照六个问题的顺序，请各小组汇报

（2）展学评价：给各组展学环节的表现情况贴上笑脸。

五、拓展总结

（1）课堂延伸、知识拓展：关于无土栽培的应用。

（2）总结全课：通过这节课，学生有什么收获？

（3）关于无土栽培，还有很多问题需要去探究，大家可以利用今天学到的方法（指板书教学），通过对资料的搜集、整理，与小伙伴们一起分享。

执教教师：育英小学　范颍

第三阶段：成果表达交流阶段（共 3 课时）

第 1 课时：成果表达课

需要进行的方法渗透：“小课题研究报告”怎么写？

一、教学基本流程

（1）教师出示一份以前的“小课题报告”做范例，让学生了解研究报告基本上由五大部分构成。

（2）教师借范例教给学生“小课题研究报告”各部分写作方法，以及注意事项。

（3）学生按“小课题研究报告”的构成部分，分别落实写作任务。

（4）学生按照承担的“小课题研究报告”写作任务，参阅前期分析整理的资料完成写作任务。（教师巡回观察，进行个别指导）

（5）学生推荐一个写作能力强的成员，把分头写出的“小课题研究报告”各部分进行整合、修改，完成“小课题研究报告”。

二、配套知识讲座

“小课题研究报告”怎么写？

例文见本书第四部分中的优秀小课题研究报告汇集。

讲解要点提示：小课题研究是对某个问题或不解的知识进行的研究，大致可以分为五部分。

“课题研究目的与背景说明”是研究报告的第一部分。写作这一部分，要写出课题产生的背景或原因，还有希望通过这个课题研究解决什么问题，明确研究的目的。

“课题研究的方法与步骤”是研究报告的第二部分。写作这一部分，至少要简要写明人员任务分工、研究阶段和研究方法等；要把在课题研究的整个过程中采用过的所有方法进行简要归纳，要点提炼，写出这个小课题研究运用了哪些方法。（例如走访调查法、问卷调查法、资料搜集法、演示法、实验法、竞赛法、对比分析法、总结法……）写作时，最好按照课题研究的过程、方法使用的先后进行排列。

“课题研究的结果”是研究报告的第三部分，也是重点部分，包括研究内容、措施、过程、结果。这一部分要按照课题研究过程，写清楚怎么研究的、经过怎样的研究、获得了哪些数据、从中发现了什么、经过怎样的分析、得出了什么结论。写作这一部分，一定要有理有据，要把上一阶段文字分析和数据分析勾画、归纳、整理出的文字和数据写进去，再顺理成章地把得出的结论一个一个展示出来。

“应用和建议”是研究报告的第四部分。这一部分，可以包含成果推广应用情况、建议或倡议，既要有独到的见解和改进的方法，又要针对性强，让人一目了然，便于改进创新。这部分可以采取拟条目的方法写，结合“研究的结论”，把这个课题研究的成果深入推广下去，或者扩展进行研究，或者希望得到相关职能部门的重视和支持的想法和建议写出来。

“研究的反思与体会”是研究报告的第五部分。这一部分可以包含三个方面：一是写出每个成员的最大收获和最深体会，二是写出我们对研究过程中的得失和深刻教训的反思，三是提出我们在研究过程中发现的一些暂时无法解决的和值得再深入思考的问题等。

三、配套课外作业

（1）学生继续完成或整合修改“小课题研究报告”。

（2）根据完成的“小课题研究报告”，学生选取图文、录像等资料，安排电脑操作熟练的同学合作制作用于课题成果发布的幻灯片。

（3）组长和核心成员思考、设计完整的成果展示方案。

（4）小组内进行大致分工，准备自己要展示的那部分文字和相应实物、实验用品等。

四、配套学习用具

学习用具有本课题研究需要的资料册、笔记本、书写笔、信签纸。

注意：研究成果的呈现与表达是发挥学生创造性的好时机，教师决不能代替学生完成。学生展示成果除了研究报告外，还有很多形式，如实物展示、自编小报、手工制作作品、节目表演、电脑课件、图片集、现场演示实验，等等。另外，课题组的每位成员还可以写一篇收获与感想。

五、课例参考

《神奇的盐》

——研究报告指导课

【指导目标】

（1）了解研究报告的组成部分，学会小课题研究报告的基本写作方法。

（2）通过撰写研究报告，学会用文字表达自己的观点，归纳结论。

【重难点】

学会用文字表达自己的观点，归纳结论。

【导前准备】

制作 PPT。

【课时安排】

建议 2 课时。

【适用年级】

四年级。

【指导过程】

一、导入

《神奇的盐》课题组在本期的研究中得到了不少的收获，教师需指导学生，如果要让大家知道自己课题的研究成果，就得写一份研究报告。今天这节课就来学习小课题研究报告的写作方法。

二、学习范例

（2）用 PPT 展示一份“小课题研究报告”范例。

请大家快速浏览这篇研究报告范文，思考这份研究报告由哪几个部分组成？（学生默看范文，思考、回答问题）

总结：研究报告基本上由以下五部分构成。

小课题研究报告

一、研究目的与背景说明

二、研究的方法与步骤

三、研究的过程与结果

四、应用和建议

五、反思与体会

三、学习“小课题研究报告”各部分写作方法

知道了研究报告的主要组成部分，就要接着学习每个部分应该如何撰写，需要写些什么内容。

第一部分：研究目的与背景

用 PPT 展示关键点：要写出课题产生的背景或原因，希望通过这个课题研究解决什么问题。

请同学回忆自己选题的过程，说说问题产生的原因以及要解决的问题。（学生回答，补充）

教师总结，问题的提出：有同学用浓盐水治好了他的口腔溃疡，为什么有

这个效果呢？盐对我们的生活还有哪些帮助？

研究目的：（1）了解盐的基本知识。（2）了解盐在生活中的妙用。

第二部分：研究的方法与步骤

用 PPT 展示关键点：这一部分需要写明成员分工、研究阶段、研究方法等。

请同学回想：这个小课题研究运用了哪些方法。（学生回答，补充）

教师根据学生的回答进行归纳和板书。

研究方法：问卷调查法、文献查阅法、网络查询法、访谈法、对比分析法、实验法。

研究步骤：研究过程中，我们一共分为了三个阶段。

（一）分解课题与制定计划

（二）开展研究

（三）成果总结

第三部分：课题研究的结果

用 PPT 展示关键点：包含研究内容、措施、过程、结果。这一部分要按照课题研究过程，写清楚怎么研究的，获得了哪些依据，从中发现了什么，经过怎么分析，得出了什么结论。这一部分很重要，请同学们仔细观察，大家可以按照以下的提纲来写。

PPT 展示本期课题研究的过程：

（一）分解课题（围绕课题提出了哪几个问题）

（二）制定计划（简略写）

（三）研究过程

1. 调查统计（报告中要写出数据分析与结论）

2. 搜集资料（筛选整理出的重要资料）

3. 实验揭秘（要写清楚五个实验的过程与结论）

（四）成果总结（以拟条目的形式写出研究成果）

第四部分：应用和建议

用 PPT 展示关键点：可以包含成果推广应用情况、建议或倡议，要有独到的见解和改进的方法；可以采取拟条目的方法写。把这个课题研究的成果深入推广下去或者进行扩展研究，或者将希望得到相关职能部门的重视和支持的想法和建议写出来。

第五部分：反思与体会

用 PPT 展示关键点：写出自己的收获和体会，研究过程中的得失和反思，研究中无法解决的问题和产生的新问题。

四、撰写研究报告

（1）下面，要按“小课题研究报告”的构成部分，给 6 个小组分配写作任务。

一组：研究目的与背景说明、课题研究的方法与步骤；

二组：课题研究的过程（调查问卷和资料收集部分）；

三组：课题研究的过程（实验部分）；

四组：课题研究的成果；

五组：应用和建议；

六组：反思与体会。

（2）学生按照承担的“小课题研究报告”写作任务，参阅前期分析整理的资料完成写作任务。（教师巡回观察，进行个别指导）

（3）请一名写作能力强的学生，把分头写出的“小课题研究报告”各部分进行整合、修改，完成“小课题研究报告”。

五、课外作业

（1）课后继续完成或整合修改“小课题研究报告”。

（2）根据完成的“小课题研究报告”，选取图文、录像等资料，合作制作用于课题成果发布的幻灯片。

执教教师：树人小学　汪姝

第 2 课时：成果展示交流课

需要进行的方法渗透：制作 PPT、掌握基本的答辩方法。

一、教学一般流程

（1）组长提出完整展示设计，大家补充完整。

（2）设计、撰写形成完整展示文稿方案。

（3）根据文稿方案再次细致分工，一般可分为：

①“总导演”1 人：落实展示方案，包括人员分工，队形设计，组织大家排练等。

②撰写文稿可由 2～3 人主笔，在整体设计好后，可以一人写一段。

③整个展示文稿的分工 1 人：根据每个成员的强项负责划分每个人说哪段话。

④做 PPT 课件 2 人：一人负责文稿及图片、视频、声音等资源的搜集，一人负责制作。

⑤实物准备、实验准备人员若干人。

（4）分工准备自己要发表演说的部分，自己先练习。

（5）分课题展示成果、答辩、修改。

二、课例参考

《神奇的盐》

——成果展示交流指导课

【指导目标】

（1）了解小课题成果展示的一般流程，学会设计、制作 PPT 演示文稿，并积极做好小课题演示活动前的准备。

（2）经历小课题成果演示答辩的一般流程，在具体情境中学会答辩的方法和技巧。

【导前准备】

电脑，进行 PPT 展示的工具。

【课时安排】

建议 1 课时。

【执教年级】

四年级。

【指导过程】

一、导入

《神奇的盐》小课题组已经完成了本次小课题探究活动所有实验和探究过程。为了把探究实践活动完整、清晰地向全校师生展示出来，也为了把探究成果加以推广，同学们需要制作 PPT 演示文稿，以此配合展示汇报活动。

二、指导设计小课题的展示流程

（1）请组长提出完整展示设计方案，大家补充完整。

①《神奇的盐》小课题展示时间：2015 年 10 月 15 日。

②《神奇的盐》小课题展示地点：学校阶梯教室。

③《神奇的盐》小课题展示学生：由分工确定。

④《神奇的盐》小课题展示形式：配合 PPT 演示文稿、现场实验、活动记录和小报等文字材料开展现场展示活动。

（2）设计形成完整演示文稿方案。

《神奇的盐》组员及任务安排（总导演、文稿撰写人员、文稿演示负责人、PPT 演示文稿制作人员、实验负责人、实物负责人等）。

（3）根据文稿方案再次细致分工，一般可分为：

①《神奇的盐》总导演（1 人）：落实展示方案，包括人员分工，队形设计，组织大家排练等。

②《神奇的盐》文稿撰写人员（2～3 人）：在整体设计好后，可以每人写一个部分或几段。

③《神奇的盐》文稿展示负责人（1 人）：负责整个文稿演示的分工，根据每个成员的特长安排划分每个人介绍哪些内容。

④《神奇的盐》PPT 演示文稿制作人员（2 人）：一人负责文稿及图片、视频、声音等资源搜集，一人负责制作。

⑤《神奇的盐》实验负责人（不定）：具体负责现场实验演示。

⑥《神奇的盐》实物负责人（不定）：具体负责实物安排展示。

三、作业与任务

（1）《神奇的盐》小课题探究组各成员按照相关安排完成自己的任务。

（2）《神奇的盐》小课题探究活动展示演练。

四、部分答辩问题

（1）《神奇的盐》小课题探究活动展示完毕后，成员接受同学和老师的提问并回答。例如：

①请问你们是怎么想到要在一起探究“神奇的盐”这个问题的呢？

②请问你们在《神奇的盐》这个小课题探究活动中都有哪些收获呢？

③请问在《神奇的盐》这个小课题探究活动中，给你们留下最深刻印象的是哪件事情？

④请问你们在《神奇的盐》这个小课题探究活动中，有没有经历过失败或者挫折，你是怎样处理的呢？

⑤请问在《神奇的盐》这个小课题探究活动中，老师给了你们哪些帮助？父母给了你们哪些帮助？还有哪些人给了你们什么帮助呢？

⑥请问你们能再次大致阐述一下《神奇的盐》这个小课题活动的探究实践过程吗？

⑦请问能简单介绍一下你们开展问卷调查活动的大致过程吗？这些数据你们是怎么统计的？又从这些数据里面讨论、分析，进而得出了哪些结论呢？

⑧请问在《神奇的盐》这个小课题探究活动中，你们是怎么设计、开展实验活动——盐能让菠萝味道更加鲜美吗？你们可以大致介绍一下这个实验的过程吗？

⑨请问在《神奇的盐》这个小课题探究活动中，你们得出了哪些观点或者结论？这些观点和结论对你和家人的生活有什么影响呢？

⑩请问在《神奇的盐》这个小课题探究活动结束以后，你们还想探究哪些身边的问题？

执教教师：远祖桥小学　罗成龙

第 3 课时：总结反思课

需要进行的方法渗透：自我反思的方法。

一、教学一般流程

(1) 对活动过程本身的回顾性反思。

目的：面对现在的行动事实或感受，探讨体验活动经验的细节。

重点：活动本身所发生或所观察的状况、所想到的内容；尽可能地以实际发生的事实引导讨论，要特别注重当下的感受。

教师可以直接参考使用的提问方式有：

①整个活动，让我们想到什么？体会到什么？

②我（或我们）怎么做到的？最重要的原因是什么？

③活动中我们发生了哪些事情（问题或事实）？

④活动过程中你做了什么？有什么贡献？

⑤对你重要或印象深刻的事情是什么？

⑥你发现哪些新的事物？

(2) 活动与类似经验联系的整合性反思。

目的：整合过去经验与本次体验活动经验，进行批判性思考与问题解决。

重点：※探讨体验活动里程的事实或感受，对比与自己过去的经验有何异同，并分析其原因。

※若无过去经验，可探讨体验活动经验与一般人实际生活经验有何异同，并分析其原因。

教师可直接参考使用的提问方式有：

①活动前后的感受或想法有什么不同？

②整个活动，让我想到以前哪些事情和这次活动很像或很不一样？为什么？

③整个活动和我们生活中的经验相比，有哪些类似的情况？

（3）对活动的前瞻性反思——要如何应用这种状况？

目的：提出创造与拟定行动计划或新的思维，即将活动体验与省思运用于实际生活。

重点：※未来我想怎么做？

※体验活动之后，让我有哪些新的想法？

※如何将所学用到新情境？

教师可以直接参考使用的提问方式有：

①整个活动，让我想到以后要怎么做（或改进）？

②经历这样的活动之后，对自己看法有什么不同？

③对自己有什么新的认识或看法？

④经过这次的体验，自己在知识、技巧、态度或情绪方面有改变吗？如果有，请说说看。

⑤什么时候可以运用这次的体验来解决类似的问题？

⑥你现在或未来想跟谁分享活动的心得？

注意："反思"可以放在参加全年级展示评比活动之前，也可以放在课题研究的过程中。本课的主要任务在操作模式中已有说明，主要目的除了回顾过程、表扬激励学生外，更重要的是通过研究具体事例和内容有效地提升学生的科学精神和社会责任感。

二、配套过程性评比表

树人小学学生小课题研究过程评价表

班级： 指导教师：

课题名称： 研究周期：

阶段	评价内容	评价方式			
		自评	互评	师评	总评
确定主题阶段	敢于选择自己感兴趣的问题进行研究。				
	爱动脑筋，能从生活、周围事物中产生问题，提出有价值的问题。				
课题探究阶段	分工明确：分成了小组进行研究，每个人都有任务，每个人都清楚研究的目标。				
	计划周密：认真详细地拟订了计划，遵守纪律，服从小组安排。				
	方法正确：坚持到现场去，坚持动手做；主动查阅、收集资料，向有经验的人请教。				
	认真执行：做好过程的资料搜集、整理工作。在过程中不断总结活动得失，及时调整计划。				
	团结协作：认真完成自己的任务，帮助有困难的同学。				
	善于交往：与别人交谈时态度自然大方，有条理、有礼貌；虚心听取他人的意见，敢于发表自己的见解。				
总结交流阶段	按要求完成了活动目标。				
	成果展示内容丰富，有新意。				
	感到活动后的喜悦，有一定的成就感。				

注：每一项按照优秀（A）、良好（B）、继续努力（C）三个等级评分。

CHENGGUOPIAN

成果篇

（一）小课题研究成果完整呈现样例

中低段学生小课题研究案例

课题题目：《神奇的盐》
参与学生：树人小学四年级 46 名学生
指导老师：周万渝　易娟　罗露　付秋平　廖敏

第一阶段：研究准备阶段

树人小学小课题立项答辩问题单

1.谁提出的这个课题？请你简述一下提出这个课题的过程，说一说你为什么要提出这个课题？

答：我们班上李敏熙长了溃疡，一个同学告诉她，用饱和的浓盐水漱口，溃疡就会好了。我们觉得很神奇，就提出了这个小课题。

2.说一说这个课题对于你们或是对于大家有什么帮助，研究的实际意义是什么？

答：我们研究这个小课题是为了研究盐在生活中的妙用。

3.请你广泛的查阅资料后，说一说别人有过哪些类似的研究吗？别人已经得出了什么样的结论？

答：我们三年级组织了一次活动"盐是否能让苹果抗氧化"。我们们发现，盐不能让苹果抗氧化。

4.你们这次研究与别人的研究有什么不同？比如：有怎样的研究角度或是用了什么新的研究方法吗？

答：我们运用了问卷调查法、文献查阅法、网络查询法、仿谈法、对比实验法和实验法。

5. 你们猜一猜或是大胆预测一下：这个课题的结论会是什么？

答：知道了盐的很多妙用，人的生活离不开盐。

6. 你们准备用什么办法证明你们的猜想？你们准备从哪些方面进行研究？

答：我们通过网络查询法，仿谈法以及对比实验法来证明我们的猜想。

树人小学《神奇的盐》小课题 课题分解记录单（1组）

序号	问题	提出者	问题缘由
1	盐到底有什么用?	张馨匀	大家都说盐会方便生活，我想知道盐可以怎样方便生活。
2	为什么盐能快速解冻?	张浚淇	放盐的冰块比没放盐的冰块融化得快，我想知道这是为什么?
3	盐加白糖会变得更甜吗?	王悦恺	有一次，家中没有多少白糖了，但存有很多盐，外公说，盐加点糖会更甜，这是为什么?
4	盐的来历?	蒋金儒	既然盐有那么多好处，那它是怎么来的呢?
5	盐是哪些成分组成的?	王悦恺	盐加了什么东西才能快速解冻，我很想知道。

第二阶段：课题研究实施阶段

树人小学学生小课题研究计划表（中低段）（4组）

指导教师：周万渝、易娟、罗露、[illegible]　研究周期：一学期

<table>
<tr><td>我们的活动主题</td><td colspan="5">神奇的盐</td></tr>
<tr><td>我们要达到的目标</td><td colspan="5">探究盐在生活中的作用</td></tr>
<tr><td rowspan="2">我们的成员</td><td rowspan="2">组长</td><td rowspan="2">陈婧雯</td><td rowspan="2">成员</td><td colspan="2">徐士博、蒋静仪、王悦恺</td></tr>
<tr><td colspan="2">朱妤婕、侯蕴洲</td></tr>
<tr><td rowspan="9">我们准备完成的几项活动</td><td>时间</td><td colspan="3">具体任务</td><td>我们的分工</td></tr>
<tr><td>第3周</td><td colspan="3">写计划</td><td>全组</td></tr>
<tr><td>第4周</td><td colspan="3">实验筹备</td><td>全组</td></tr>
<tr><td>第5-9周</td><td colspan="3">做实验一、收集图片、分析</td><td>徐士博负责</td></tr>
<tr><td>第10-13周</td><td colspan="3">做实验二、收集图片分析</td><td>朱妤婕负责</td></tr>
<tr><td>第14-15周</td><td colspan="3">整理、资料、实验结果</td><td>陈婧雯负责</td></tr>
<tr><td>第16周</td><td colspan="3">写研究报告</td><td>侯蕴洲、王悦恺</td></tr>
<tr><td>第17周</td><td colspan="3">准备展示方案</td><td>全组</td></tr>
<tr><td>第18周</td><td colspan="3">汇报展示</td><td>蒋静仪、陈婧雯</td></tr>
<tr><td>我们的研究方式</td><td colspan="5">实地考察（ ）　采访记录（ ）　上网（ ）
查阅书籍（√）　调查统计（ ）　其他 实验</td></tr>
<tr><td>我们的交流方式</td><td colspan="5">自编小报（ ）　制作宣传画（√）　表演示范（ ）　小论文（√）
制作课件（√）　制作图片集（√）　现场实验（√）
其他________</td></tr>
</table>

树人小学小课题研究观察记录卡（1）

课题名称：神奇的盐

观察时间：	2015年	地　　点：	学校
观察主题	盐能让菠萝味道更鲜美吗？	观察记录者	程　靖　文
没有浸泡的菠萝	发现1：很酸，只有一点甜，没有削出来之前甜。	思考1：为什么没有浸泡的菠萝会又酸又涩呢？	
清水浸泡30分钟	发现2：全是一股清水味，菠萝的味道都被覆盖了，只有一点菠萝的味道。	思考2：为什么清水泡，泡出来的味道怎么只有一点菠萝味呢？	
盐水浸泡30分钟	发现3：盐水浸泡过后，吃起来很香很甜不涩不酸，比以前吃起来更甜。	思考3：为什么盐水浸泡过后会很香很甜呢？	
两种浸泡方式口感的对比	发现4：清水浸泡过后味道一大部分都是清水味，一小部分才是菠萝的味道。盐水浸泡过后很香很甜，舌头也不会发麻。	思考4：为什么清水泡和盐水泡，味道不同？	
观察体会和感受：参加过万能的盐后，我了解了很多新知识，比如盐水浸泡苹果，用盐做泡菜等等，这个课程特别有趣，我喜欢这个课题。我发现在这个实验中，盐既能让菠萝的口感和味道更好，还能消毒，所以盐的作用很大。			

树人小学小课题研究小组合作访问卡

课题名称：神奇的盐　　　　指导教师：周万渝、易娟

访问时间：2015年3月26日　　　　地　　点：家里

访问人	祝婧涵	被访问人	爸爸
本次访问主题	盐的知识	记录者	祝婧涵
主要问题1：鲜花泡在水里会怎样？	回答摘要：可以让鲜花开得更艳。		
主要问题2：喝盐水能解渴吗？	回答摘要：能，可以补充体力。		
主要问题3：盐在苹果上面撒一些会怎么样？	回答摘要：可以长时间保存苹果，让它不变黄。		
其他文字资料：	图片资料：		
访问人的体会：我通过这次访问，发现盐的作用有很多很多。			

第三阶段：成果表达交流阶段

学生研究收获与感想

上学期我有幸参加到了“神奇的盐”课题小组，我在这个课题小组里和同学们一起学习、研究已经有一学期时间了，在其中我颇有收获。在小课题研究中我学会了许多研究方法。首先，我学会了收集资料。上网查找资料，在书籍中寻找答案（可以打印下来阅读）。我们从我们查寻的资料中了解了许多知识，在课堂中互相讨论。于是，我逐渐了解了盐的妙用、盐的成分等关于盐的知识。

我们还学会了问卷调查法。我们在老师的资料的辅导下制作了调查问卷，去采访身边的家人和同学，再在课堂上交流。发现人们很重视盐，但对盐了解并不深，只知道可以用来烹饪。

此外，我还在实践体验中增强了解决问题的能力。比如有一次，妈妈夏天时给我买了一个菠萝。但到了家，妈妈竟把菠萝放进了一个盛满淡盐水的盆子里。看到妈妈这么做，我心里产生了疑惑：为什么要这么做呢？这么做的好处又是什么呢？于是我又叫妈妈买了一个菠萝，做起了实验来。我把菠萝分成了两半，一半放入淡盐里，一半则裸露在空气中。半小时后，我去尝，发现盐水中的菠萝真的变甜了。通过实验，我发现盐不仅能消毒，还能使菠萝的味道更鲜美。

小课题研究增长了我的知识，激发了我的探究热情，培养了我的动手能力，感受到了合作的快乐，成功的喜悦！

徐士博

研究报告

一、问题的提出

班里的一个同学刘恩泽嘴巴里长了两个大溃疡，午餐时，其他同学都在高兴地吃着饭，他却看着可口的饭菜，难以下咽，忍受着溃疡带给他的疼痛。这时，另一个同学走过去关心他，告诉他可以用饱和的浓盐水治疗口腔溃疡。结果，他坚持用浓盐水漱口，没过几天，他的口腔溃疡就痊愈了。大家纷纷把这个生活小妙招告诉自己身边的人，同时，也有同学提出问题：盐为什么有这个作用呢？它对我们的生活还有哪些帮助呢？……带着这些问题，我们成立了小课题研究小组，一起去了解食用盐的神奇妙用。

二、研究目的

（1）了解盐的基本知识。

（2）通过亲身实践体验，了解盐在生活中的妙用，知道盐给我们的生活带来了哪些方便。

（3）通过研究，让学生明白要想深入地研究一个课题，需要通过各种方法反复尝试才能取得成功。以此，逐步培养学生的探究能力、创新精神和实践能力。

三、研究过程

（一）分解课题

（1）你了解生活中的盐吗？

（2）盐在我们生活中有哪些作用呢？

（3）我们如何来证明盐的这些作用呢？

（4）我们的收获与成果。

（二）制订计划

制订研究计划。

（三）开展研究

运用问卷调查法、文献查阅法、网络查询法、访谈法、对比分析法、实验法。

1. 调查统计（运用问卷调查法）

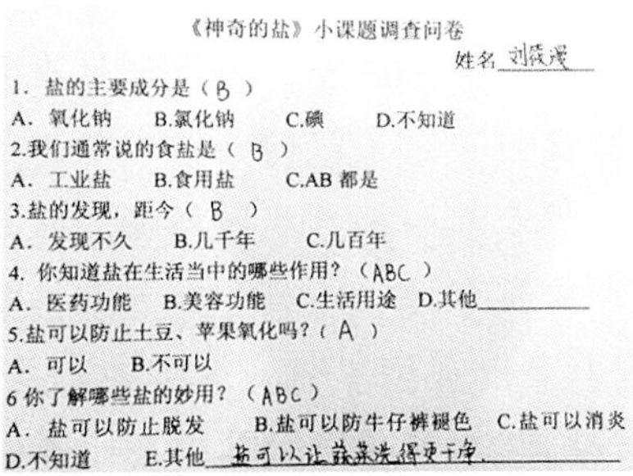
《神奇的盐》小课题调查问卷

姓名 刘筱滢

1. 盐的主要成分是（B）
A. 氧化钠 B.氯化钠 C.碘 D.不知道
2.我们通常说的食盐是（B）
A. 工业盐 B.食用盐 C.AB 都是
3.盐的发现，距今（B）
A. 发现不久 B.几千年 C.几百年
4. 你知道盐在生活当中的哪些作用？（ABC）
A. 医药功能 B.美容功能 C.生活用途 D.其他
5.盐可以防止土豆、苹果氧化吗？（A）
A. 可以 B.不可以
6 你了解哪些盐的妙用？（ABC）
A. 盐可以防止脱发 B.盐可以防牛仔裤褪色 C.盐可以消炎
D.不知道 E.其他 盐可以让蔬菜洗得更干净。

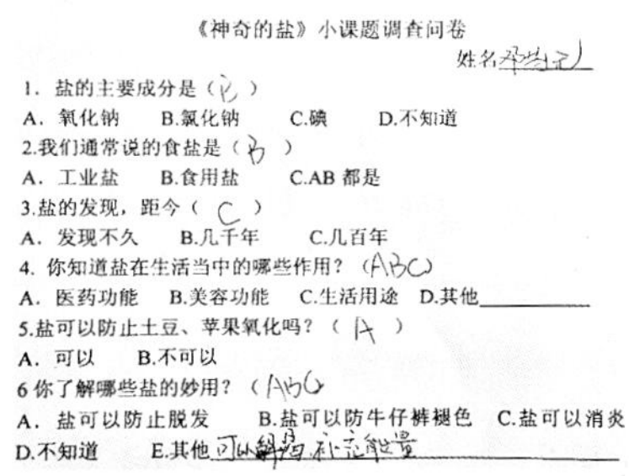
《神奇的盐》小课题调查问卷

姓名

1. 盐的主要成分是（B）
A. 氧化钠 B.氯化钠 C.碘 D.不知道
2.我们通常说的食盐是（B）
A. 工业盐 B.食用盐 C.AB 都是
3.盐的发现，距今（C）
A. 发现不久 B.几千年 C.几百年
4. 你知道盐在生活当中的哪些作用？（ABC）
A. 医药功能 B.美容功能 C.生活用途 D.其他
5.盐可以防止土豆、苹果氧化吗？（A）
A. 可以 B.不可以
6 你了解哪些盐的妙用？（ABC
A. 盐可以防止脱发 B.盐可以防牛仔裤褪色 C.盐可以消炎
D.不知道 E.其他

调查分析：写一写你所知道的“食盐的妙用”。

通过调查，我们发现同学们知道许多盐的“小妙招”，但都只是听别人说起或者看到家人这么做，至于是否真正有效并没有进行过实际验证。所以，我们认为深入了解盐及盐的作用是非常有必要的，于是，探究之旅开始啦！

2. 搜集资料（运用文献查阅法、网络查询法）

（1）认识盐。

我们通过网上查询和生活实践了解到，人们通常说的盐就是食盐，又称餐桌盐。食盐是维持生命活动必不可少的矿物质，它的主要成分是氯化钠。食盐是人们生活中常用的佐料，最主要的作用就是调味。它在烹饪时可以除掉原料的一些异味，增加美味，具有提鲜的作用。古代人民发现盐，距今已有五千年的历史了。生活中，还可以把盐加入水里，制成盐水。

（2）了解盐文化。

早在13世纪，马可波罗进入我国，就发现我国有丰富的盐资源。《后汉书》也有相关记载，盐城，便是盐文化的代表。

我们惊奇地发现，早在先秦时期，劳动人民就发现了盐的妙用。他们常常用盐水选种的方法，帮助生产。人们把种子放到浓度适中的盐水里，好的种子会沉下去，坏的种子会浮起来，用这样的方法，就可以有效地筛选出优良的种子。

（3）了解盐的作用。

盐在我们生活中起着非常重要的作用，通过询问老师和家长，知道盐还是一种重要的生活用品。它的作用主要分为三类：一是医药功能，二是美容功能，三是生活用途。

3. 实验揭秘（运用访谈法、对比分析法、实验法）

实验一：盐能让菠萝味道更鲜甜吗？

在吃菠萝前，都需要用淡盐凉开水浸泡几分钟，据说这样可以让菠萝的味道更鲜美，真的是这样吗？

实验名称：盐水泡菠萝。

实验材料：1个菠萝、纯净水、食盐、2个盆。

实验步骤：

（1）分别在2个盆中装入适量的纯净水。

（2）在其中一个盆里放入适量的盐搅匀，制成盐水。

（3）将菠萝分成两半（可分成一些小长块），一半放入盐水中，浸泡一段时间，另一半用清水浸泡。

（4）分别品尝浸泡盐水的菠萝和浸泡清水的菠萝。

实验结论：盐能够使菠萝的味道更鲜甜。菠萝中含有有机酸、“菠萝蛋白酶”及草酸等人体不适应的物质，对人体口腔黏膜和嘴唇有刺激作用，盐能分解抑制“菠萝蛋白酶”的活性，分解草酸等物质。所以，经过浸泡，菠萝的口感更好，味道更鲜甜。

实验二：盐有抗氧化的作用吗？

土豆、苹果、香蕉、梨等蔬果切开接触空气后，通常会变色，我们把这叫作蔬果的氧化。通常大家会用盐水浸泡削了皮的苹果、土豆，这样一来，苹果、土豆的颜色就不会发生大的变化。难道盐水还有抗氧化的作用？实验告诉了我们答案。

实验名称：土豆氧化实验。

实验材料：1个土豆、小刀、清水、食盐、白糖、密封盒、4个塑料碗。

实验步骤：

（1）用小刀将土豆切成片。

（2）在3个塑料碗中加入适量的清水，其中2个碗分别加入食盐和白糖，制成盐水和糖水。

（3）分别将刚切好的土豆片放入清水碗、糖水碗、盐水碗、密封盒和空塑料碗中。

（4）15分钟后，观察各种容器里的土豆片颜色变化情况。

（5）课题组成员观察、比较，并进行讨论分析，发现三种水中的土豆均没有变色，原因是水阻隔了土豆与空气接触，防止了土豆氧化；因为密封盒里有少量空气，土豆与盒中的空气接触后，发生轻微氧化现象；空塑料碗中的土豆完全暴露在空气中，发生明显氧化。

实验结论：盐没有防止氧化的作用。

实验三：盐能帮助植物生长吗？

花店买回鲜花，店主常常会嘱咐顾客在插花时往水中加入适量的盐，称这样可以让鲜花开得更持久。盐真的可以帮助植物生长吗？

实验名称：插花实验。

实验材料：2 枝玫瑰花、2 枝康乃馨、食盐、清水、塑料桶。

实验步骤：

（1）将 2 枝康乃馨、2 枝玫瑰花分别插入盐水和清水中。

（2）每天观察玫瑰花和康乃馨的开放情况，并做好记录。

（3）经过一周观察发现，盐水中的花显得新鲜一些，而清水中的花已经慢慢凋谢。

实验结论：盐可以帮助植物生长。我们通过查阅资料了解到：

（1）盐的主要成分是氯化钠，是植物生长中不可缺少的无机盐离子，对生长起辅助作用，可以刺激水分运输，从而使花开得更精神。

（2）盐进入水中后，使得原来水溶液的水势降低，渗透压变大，从一定程度上抑制了微生物细胞的形成，从而抑制了其繁殖。

实验四：盐有腌制功能，能防止食物腐败吗？

咸鸭蛋、腌肉、腊香肠等都是我国的传统佳肴，深受大家的喜爱。新鲜的鸭蛋、猪肉很容易变质、腐烂，聪明的人民发现，用盐腌制后的蛋、肉保存的时间更久，并能制作出不同的风味来。

实验名称：制作咸蛋。

实验材料：5 个鸭蛋（鸡蛋）、食盐、白酒少量、2 个塑料袋。

实验步骤：

（1）取 5 个新鲜鸭蛋，用清水洗净，帕子擦拭干净。

（2）鸭蛋用白酒浸透 20～30 秒后，在蛋的表面裹上厚厚的一层食盐。

（3）裹上食盐的鸭蛋装入塑料袋密封。

（4）将密封的鸭蛋放置阴凉处 15～25 天即可。

实验结论：

（1）实验中，盐放入量少一些的，鸭蛋的咸味不足，放置后易变臭；盐放入量足的、密封好的咸鸭蛋，防腐效果更好，放置时间更持久。

（2）制作咸鸭蛋的过程，食盐不但抑制了细菌的生命活动，而且，食盐可降低蛋内蛋白酶的活性和细菌产生蛋白酶的能力，从而减缓了蛋的腐败变质速度。

实验结论：盐有腌制功能，能防止食物腐蚀。

实验五：盐能加速解冻吗？

我们从冰箱里刚拿出的冻肉，急需解冻时，能用盐加速冻肉的解冻吗？

实验名称：盐解冻冻肉。

实验材料：2 块冰冻瘦肉、食盐、2 个盘子。

实验过程：

（1）把 2 块大小差不多的瘦肉放在盘子中。

（2）其中一块冻肉撒上食盐，另一块不撒。

（3）待相同的时间后用手触摸，发现撒了食盐的冻肉更软，解冻更快。

实验结论：盐能使冰的溶解温度降低，使其更容易融化。运用此原理，可以在结冰的路面撒盐，加速路面冰块的融化。

四、研究结果

（1）每一个课题组成员都学会了采用收集资料、问卷调查、采访询问、实践体验等多种研究方法，去发现盐在生活中的妙用。

（2）在研究中，我们知道了食盐的使用历史悠久，是我们生活中必不可少的调味料，是维持生命活动必不可少的矿物质。

（3）通过实验我们发现：盐可以帮助植物生长，可以防止食物腐败，可以帮助物品加速解冻……这些都说明盐在生活中的作用非常大。

（4）通过研究这个小课题，学生独立解决问题的能力增强了，他们的实际操作、合作探究、创新实践能力等都有了较大提升。同时，我们也明白了要想深入地研究一个课题，需要通过各种方法反复尝试才能取得成功。

（5）《神奇的盐》作为树人小学特色自主课程，在 3—4 年级进行实施。

（6）这一本本记录册记录了我们研究过程的点点滴滴。

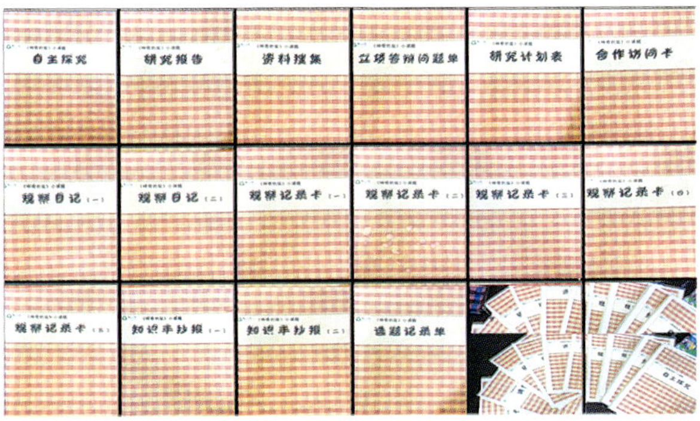

本次小课题研究虽暂告一段落，却激发了学生新的探究欲望与问题：盐除了有现在已知的神奇妙用以外，还有什么妙用吗？如何让更多的人知道这些妙用并运用到他们的生活中呢？……《神奇的盐》的研究让学生们走上了探究之路！

五、成果与影响

(1) 每一次，我们都会通过合作探究、实验尝试，把得出的成果进行分享。如在证明了“盐能使冰的溶解温度降低，更容易让冰融化”这个结论时，就会让家人运用到生活中；在探究“盐的腌制功能”的时候，做了咸蛋和咸菜，也会与家人和同学分享……

(2) 为了让更多的人都来了解和体验盐在生活中的妙用，我们制作了“温馨小妙招”卡片，发给同学、家人和朋友，我们还举行了知识抢答赛……我们的小课题研究逐渐在学校小有名气了，参与研究的人越来越多，我们的研究团队越来越壮大。

(3) 在合作研究的过程中，我们的实验论证只涉及了其中的一小部分，这远远满足不了同学们的好奇心。于是我们在课外还进行了自主探究，大胆地尝试，发现了盐更多的妙用，并把发现得出的结论编成集子，供大家在生活中去运用。

(4) 有了一定研究能力的我们，知道盐在生活中还会有更多妙用等待我们去论证、揭秘，因此，我们的研究团队又有了新的计划，踏上了新的研究征途。

高段学生小课题研究案例

课题题目：《走进扑克魔术的世界》

参与学生：树人小学六年级45名学生

指导老师：杨洋　莫莉　王一　汪姝　张霞

第一阶段：研究准备阶段

树人小学小课题选题记录单（2组）

序号	研究领域	问题	提出者	问题缘由
1	国际理解	为何中东地区战争不断？	周桐羽	新闻里看到，战争频发大都在中东，为什么呢？
2	生活经营	串串香为什么那么火？	候瑞	最近，大街小巷新开了很多串串香店，为什么那么多人喜欢串串香？
3	学科拓展	我们可以变扑克魔术吗？	查清桔	刘谦的魔术出神入化，特别喜欢扑克魔术，我们也能试着变扑克魔术吗？
4	健康安全	如何选用纸巾？	谭香	超市里各种品牌纸巾，如何选择呢？
5	环境保护	如何给垃圾分类？	易诚博	垃圾分类十分必要，怎么分呢？
最后确定的选题	我们可以变扑克魔术吗？			同学们感兴趣，可操作，有创意。

第二阶段：课题研究实施阶段

树人小学学生小课题研究计划表（高段）（2组）

指导教师：杨洋、莫莉、王一、汪姝、张霞　　　　研究周期：1学期

<table>
<tr><td colspan="2">总课题名称</td><td>走进扑克魔术的世界</td><td>小组研究成员</td><td colspan="3">组长：周桐羽
成员：陈炫妤、易诚博、查清梽、</td></tr>
<tr><td>研究目标</td><td colspan="6">子课题名称 读心术
子课题研究目标：1.会表演魔术 2.同学能探索其中的数学原理</td></tr>
<tr><td>研究阶段</td><td>方式方法选择</td><td>具体内容、任务</td><td>人员分工</td><td>时间</td><td>地点</td><td>物品准备</td></tr>
<tr><td rowspan="8">课题研究实施阶段</td><td rowspan="5">活动方式选择：
动手制作（ ）
做实验（✓）
设计活动（ ）
实地考察（ ）
采访活动（✓）
社区服务（ ）
职业体验（ ）
技能练习（✓）
其他</td><td>表演魔术</td><td>查清梽</td><td rowspan="5">2015.1
-2015.5</td><td rowspan="5">教室、办公室</td><td rowspan="5">扑克牌若干
采访卡</td></tr>
<tr><td>收集资料</td><td>易诚博</td></tr>
<tr><td>实验、观察</td><td>陈炫妤</td></tr>
<tr><td>采访活动</td><td>周桐羽</td></tr>
<tr><td></td><td></td></tr>
<tr><td rowspan="3">信息资料收集方法
上网（✓）图书（✓）
采访（ ）观察（ ）
问卷（ ）实验（✓）
其他：</td><td>上网查阅与扑克有关的资料</td><td>陈炫妤</td><td rowspan="3">2015.3
-2015.4</td><td rowspan="3">教室
魔术店</td><td rowspan="3">扑克牌若干
观察记录表</td></tr>
<tr><td>观察每沓的张数</td><td>查清梽</td></tr>
<tr><td>实验动手</td><td>易诚博</td></tr>
<tr><td rowspan="8">成果表达与交流阶段</td><td rowspan="4">整理过程资料：
调查问卷（ ）
采访记录（✓）
文献要点（ ）
图表数据（ ）
观察日记（ ）
视频录音（ ）
心得体会（✓）
其他</td><td>观察记录</td><td>周桐羽</td><td rowspan="4"></td><td rowspan="4"></td><td rowspan="4"></td></tr>
<tr><td>采访记录</td><td>查清梽</td></tr>
<tr><td>心得体会</td><td>陈炫妤</td></tr>
<tr><td></td><td></td></tr>
<tr><td rowspan="4">预计展评方式：
研究论文（ ）
自编小报（✓）
制作作品（ ）
节目表演（✓）
电脑课件（✓）
图片集（ ）
现场实验（✓）
其他</td><td>自编小报</td><td>周桐羽</td><td rowspan="4">2015.5
-2015.6</td><td rowspan="4">教室</td><td rowspan="4">表演的道具</td></tr>
<tr><td>节目表演</td><td>查清梽</td></tr>
<tr><td>电脑课件</td><td>陈炫妤</td></tr>
<tr><td>现场实验</td><td>易诚博</td></tr>
</table>

树人小学小课题研究观察记录卡（2 组）

课题名称：走进扑克魔术的世界

观察时间：	2015.4.9	地　　点：	教室
观察主题	《读心术》	观察记录者	周桐羽

发现 1：牌的数量为三的倍数	思考 1：能否选不为三的倍数的数量的扑克？
发现 2：牌被平均分成三份	思考 2：能否分成四份、五份，或不平均分？
发现 3：重复分三次即可读出	思考 3：分的次数与牌的数量是否相关？
发现 4：每次把有目标牌的牌堆放在最下面	思考 4：为什么要把目标牌的牌堆放在最下面？
观察体会和感受：这个魔术真神奇啊！通过观察，发现它与有余数的除法有关。	

树人小学小课题研究小组合作访问卡（2组）

课题名称：走进扑克魔术的世界　　　　指导教师：杨洋、莫莉、王一、汪姝、张霞

访问时间：2015.4.16　　　　地　　点：办公室

<table>
<tr><td>访问人</td><td>3组</td><td>被访问人</td><td>杨老师</td></tr>
<tr><td>本次访问主题</td><td>《读心术》探秘</td><td>记录者</td><td>查清梽、唐逍萱</td></tr>
<tr><td colspan="2">主要问题1：为什么要选的牌的数量为3的倍数？</td><td colspan="2">回答摘要：因为要分三叠。</td></tr>
<tr><td colspan="2">主要问题2：为什么重复分三次才能发现目标牌？</td><td colspan="2">回答摘要：因为牌的张数是3的倍数。</td></tr>
<tr><td colspan="2">主要问题3：能不能不平均分？</td><td colspan="2">回答摘要：不能，分的次数与牌相关。</td></tr>
<tr><td colspan="2">其他文字资料：</td><td colspan="2">图片资料：</td></tr>
<tr><td colspan="4">访问人的体会：
大概了解此魔术的重要原理，但需要练习。</td></tr>
</table>

第三阶段：成果表达交流阶段

学生研究收获与感想

我们研究扑克魔术，揭开其奥秘，并根据原理自己设计表演魔术的这一过程，学中玩的过程，玩中学。乐趣多！

研究扑克魔术，丰富了我们的课余生活，不仅让我们变得心灵手巧，还让我们了解到了一些基本的科学原理。虽然在探究过程中也有迷惑、不解、失败。但当我们解密完魔术时心中有难以言表的喜悦。扑克魔术的每一个构思都迸发着灵感，每个布局都折射出智慧，不同人根据相同的原理可以有不同的设计，这些，正是扑克魔术的魅力所在。所以我们每个成员都爱上扑克魔术。

研究扑克魔术，让我们领悟到神秘事物背后总是蕴藏着朴素真理的，更重要的是激起了我们对数学学习的兴趣，促使我们在生活中运用课堂中学习的数学知识和规律，让我们体会到学以致用，用以得趣，趣以促学的快乐。

研究扑克魔术，增进了我们对魔术的认识，提高了我们对魔术的欣赏能力，锻炼了我们的表演能力，增强了我们的自信，培养了我们敢于探寻勇于创新的精神。同时也感受到团结协作精神的重要性，在课题的研究过程中我们学会了从实践到反思、发现自我、欣赏别人；我们学会相互帮助、相互学习相互监督、相互促进，真切体会到合作的力量。

本次小课题研究虽暂告一段落，却激发了我们新的探究欲望。

唐道萱

研究报告

一、问题的提出

刘谦在春晚上表演的魔术令人惊叹，尤其是那一手扑克牌魔术，“玩得”出神入化，更是掀起了一股魔术热潮。对于好奇心强烈的我们来说，自然想要探索清楚那些扑克魔术背后所隐藏的奥秘。

那么，现在就请大家跟随我们一起走进扑克魔术的世界，在这里，你们将看到奇妙的扑克魔术，并能了解到扑克魔术背后的秘密！

二、研究目的

(1) 探究扑克魔术背后隐藏的原理。

(2) 掌握一些简单的扑克魔术。

(3) 对已掌握的魔术进行开发和再创造。

三、研究过程

(一) 分解课题

(1) 你了解魔术与扑克吗？

(2) 魔术与扑克在一起会产生什么奇妙作用呢？

(3) 我们也能表演扑克魔术吗？(模仿创新扑克魔术)

(4) 我们的收获与成果。

(二) 制定计划

(三) 开展研究

1. 调查统计 (运用问卷调查法)

数据分析：95%的调查者都喜欢看魔术表演，看完魔术表演后 80%的观众都不知道答案，80%的调查者不会主动去探究魔术的秘密。

结论：同学们大多只看过魔术，但并不知道魔术师设计魔术的原理。于是，我们开始了探究原理之旅。

2. 搜集资料 (运用文献查阅法、网络查询法)

(1) 关于扑克。

扑克牌有 54 张，大王代表太阳，小王代表月亮，黑桃、红心、方块、梅花四种花色分别象征着春、夏、秋、冬四个季节。每种花色有 13 张牌，表示每个季节有 13 个星期，13×4=52，一年正好有 52 周。如果把 J、Q、K 当作 11、12、13 点，大王、小王为半点，一副扑克牌的总点数恰好是 365 点。而闰年把大王、小王各算为 1 点，共 366 点。

(2) 关于魔术。

我们剥开魔术神秘的外衣会发现，它似乎是一种违反客观规律的表演，然而其本质是依据科学的原理，运用特制的道具，巧妙综合视觉传达、心理学、化学、数学、物理学、表演学等不同学科领域的高智慧的表演艺术。

魔术师抓住人们好奇、求知的心理特点，制造出种种让人感到不可思议、变幻莫测的假象，从而达到以假乱真的艺术效果。

（3）扑克魔术。

扑克魔术就是运用扑克、纸牌等特制道具，综合视觉传达、心理学、数学、表演学等原理的呈现。它作为魔术的一种表演形式，深受魔术师的喜爱。

3. 探究与分析（访谈法、实验法）

（1）观看视频“心心相印”。

魔术概述：请观众将 24 张扑克切一下牌（注：上下切牌，即将牌分成两摞，上面摞放下面，下面摞放上面），把扑克牌排在黑板上，请观众任意抽一张牌，看看跟魔术师抽的牌是否相同，相同即有缘。

（2）探秘“心心相印”魔术。

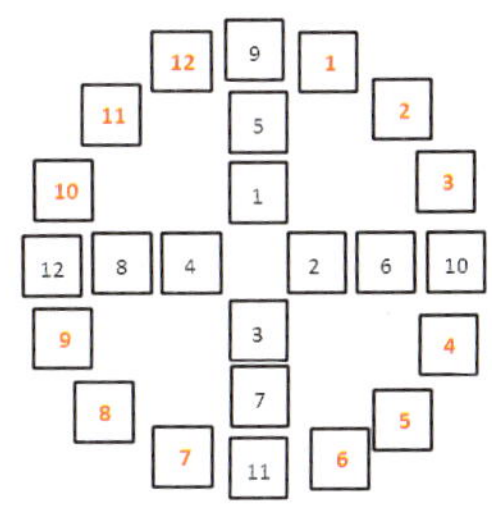

问题一：为什么每次都能找到相同的那张扑克牌？是扑克牌做了手脚？还是运用了什么原理？

问题二：扑克的顺序发生变化了，魔术师怎么还能找出对应的扑克牌？

探究：观看台湾地区吴如浩老师揭秘视频。

分析：找到完全相同的 12 张扑克牌一一对应排列，将两摞牌合在一起。将前 12 张牌顺时针摆出十字形，后 12 张顺时针摆出圆形。只要记住相同的两张扑克牌的位置就可以了。和我们数学中的一一对应是同样的道理。

探究：动手实验，做记录。

上下切牌：虽然对应两张扑克牌所在的位置改变了。但对应两张扑克牌的间隔是不变的。这是运用了数学的原理。

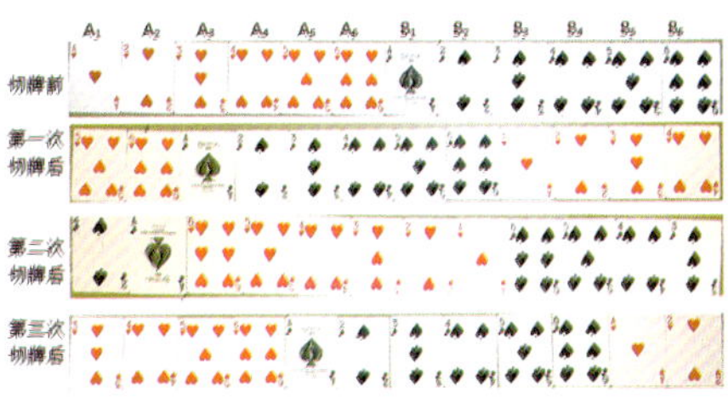

4. 模仿与创新（实验法）

（1）初次实验。

失败一：当魔术师一表演，马上就被同学们揭穿了。

分析原因：设计太简单，一眼就能看出破绽。

失败二：魔术师没能与观众心心相印。

分析原因：魔术师没有将扑克牌排列的顺序记下来，找不到对应的扑克牌。

（2）再次实验。

解决办法：

（1）将魔术设计得更巧妙。

（2）将设计图绘制下来记在脑子里。

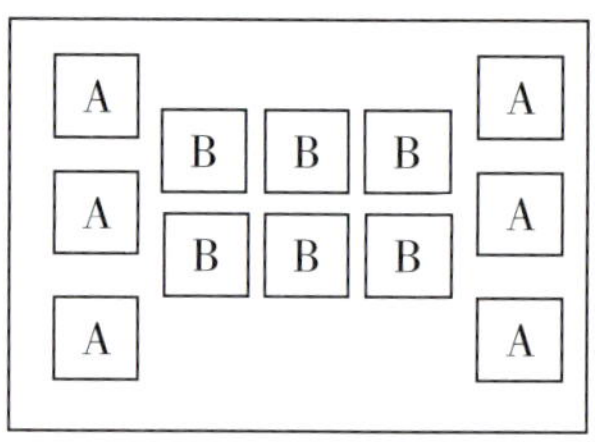

12 张牌排列的 H 形

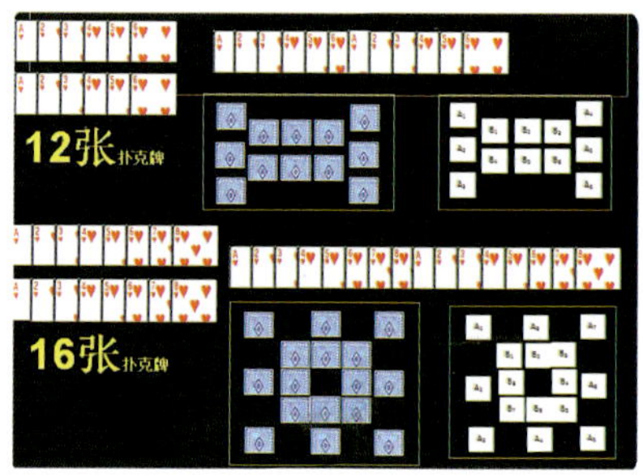

16 张扑克牌排列的回字形

（3）杨洋老师指导我们改编魔术，新版的“心心相印”魔术收录在西南师范大学出版社出版的小学《数学文化读本》四年级上册中。

（4）请教魔术玩家、查阅资料学习新魔术。

我们还研究了听牌术、翻转术、心有灵犀等扑克魔术，不仅学习了魔术的流程，还对魔术进行了原理分析。

（5）创新。

我们发现了扑克牌其实是有方向的，并利用这个方向设计了对称魔术。魔术最大的魅力之一就在于不同的人根据相同的原理有不同的设计。

四、研究结果

（1）课题组成员人人都会表演两个以上扑克魔术，并根据对称原理创作出魔术《你说了算》。

（2）看到我们研究的课题如此受欢迎，我们很开心！我们希望有更多的人了解扑克魔术，喜欢扑克魔术，于是自己动手设计了扑克魔术秘籍，便于扑克魔术的推广！（附后）

（3）扑克魔术作为树人小学特色自主课程，在 3—6 年级实施。

（4）将扑克魔术编写进《数学文化读本》四年级上册。

本次小课题研究虽暂告一段落，却激发了我们新的探究欲望与问题：有的同学想结合自己的电脑特长把扑克魔术做成“动漫”的形式，使它更生动形象，让更多朋友爱上扑克魔术；有的同学想尝试在老师的指导帮助下把自己创作的魔术做成微视频，向校内、外甚至网上的朋友们推广，以利于他们学习；有的同学还想去探寻扑克魔术是否可以与我们的科学、音乐、语文、美术等其他学科相结合来创造出新的魔术……扑克魔术的研究插上了我们创新的翅膀！

五、成果与影响

(1) 每次通过学习、探究，掌握了新的扑克魔术后，家人便成为我们的第一批忠实观众。在给他们表演扑克魔术的同时，我们还跟他们一起揭开魔术背后的秘密，也指导他们学习扑克魔术。

(2) 渐渐的，我们不再满足于仅仅在课题组内和家里表演魔术，我们希望把学到的、改编的、创编的扑克魔术推广给更多的人，让他们也感受到扑克魔术的魅力。于是，我们申请去为咱们学校幼儿园的弟弟妹妹进行表演，这得到了学校的大力支持。我们在每次的综合实践活动课都挤出时间，并分成多个小组，进到幼儿园的多个班级进行表演，受到了小朋友们的追捧！

(3) 我们的小课题研究逐渐在学校小有名气了，不仅在学校的小课题展示活动中人气爆棚，在学校举行的扑克魔术会演上更是大获好评，收获“粉丝”无数。

(4) 积累了一定表演经验的我们不断地挑战自己，走上街头，在三峡广场进行街头魔术表演。当看了我们表演的大、小观众得知，其中的一些扑克魔术是我们自己改编、创作的，无不对我们竖起大拇指，夸赞我们小小年纪就有这样的探索、创新精神，了不起！

【魔术秘籍】

《听牌术》

第一步：按自己设定的花色和点数排列规律整理好 52 张扑克牌。

花色：黑、红、梅、方。

点数：起点数依次加 3，或其他，注意与花色要对应。

黑 1、红 4、梅 7、方 10、黑 k、红 3、梅 6、方 9、……，直到牌用完。

第二步：将看似混乱的扑克牌给观众看看，注意不要洗牌。

第三步：请参与者任意抽出一张牌，并自己记住花色、点数，再给下面的观众看，让大家见证；不给表演者看。(同时，表演者将参与者抽取的牌的上

面部分放在最下面）

第四步：使用引逗语言，增强魔术的神秘感；开始试听扑克牌，想办法记住最下面的一张点数与花色，并一次揭示一个谜底花色。在试听时给予引逗语言，再给出点数。

第五步：让观众验证表演者听到的是否正确。

【魔术秘籍】

《消失术》

第一步：取两副扑克牌去掉大、小王，找出两副扑克牌的所有红色单数、黑色双数牌组合成一副牌，另一副牌为所有的红色双数、黑色单数牌。

第二步：洗牌后，请一位助手说出他心中最想要的一张牌。

第三步：拿出其中一副牌让助手找出这张牌。

第四步：魔术师拿出牌再次让助手找，发现这张牌找不到了。

【魔术秘籍】

《心心相印》

第一步：找出一一对应的 12 张扑克牌，如下图所示。把两摞牌和为一摞。（注意不改变牌的顺序）

第二步：请一位助手帮你切牌，注意只能上下切牌。

第三步：背面向上排成左图图案。（按左图顺序排好）

第四步：请助手翻转一张牌，魔术师根据排列顺序找出相同的那张扑克牌。

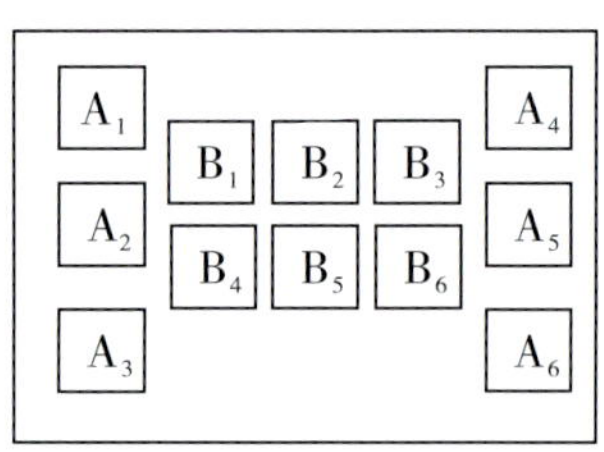

【魔术秘籍】

《心有灵犀》

第一步：请观众将 54 张扑克牌任意洗乱后，魔术师抽出一张牌写上自己的名字，这张牌代表魔术师自己，然后把这张牌放一边。

第二步：请观众任意抽出一张牌写上自己的名字，这张牌代表观众，并将其反扑在桌面。与此同时，魔术师背过身去，将手中余下的牌平均分为两叠，每叠 26 张。

第三步：观众将代表自己的牌任意放在其中一叠的表面，魔术师将代表自己的牌正面向上放在另一叠的表面，然后将两叠牌放在一起，并上下切牌。

此时每叠有 27 张扑克牌，$27=3\times3\times3$，所以接下来要进行三次分三叠的操作。（魔术师可尝试其他张数，原理相似）

第四步：魔术师将 54 张扑克牌依次一张一张的摆成三堆，留下写有自己名字的一堆。

第五、六步：魔术师继续重复两次第四步的操作：将扑克牌依次一张一张地摆成三堆，留下写有自己名字的一堆。

第七步：最后剩下的两张即代表魔术师和观众的牌。

（二）优秀小课题研究报告

（一）社区参与

《解码川剧脸谱》研究报告

重庆沙坪坝区南开小学五年级小课题组

一、问题的提出

中国的文化博大精深，如何推广和延续我们的传统文化，并进行创新开发，是值得我们思考的问题。习总书记在提到中国梦时曾经说道：不忘记历史才能开辟未来，善于继承才能善于创新。因此，根据地域文化特点，我们把研究点放在了极具地方特色的川剧文化的研究，并在实地考察后缩小到对川剧脸谱的研究。川剧脸谱凝聚了中华民族的传统文化的智慧，脸谱的色彩与线条背后的含义是我们研究的重要问题。如何根据脸谱的特点进行推广，是我们值得思考的问题。

二、研究目标

（一）研究脸谱的色彩特点

脸谱又称“花脸”，相传，在南北朝和隋唐时期就已经出现，是中国戏曲演员面部化妆的一种程式。脸谱上的红色、黑色、白色等颜色是如何来凸显人物特点，表情达意的。

研究脸谱的特点

（二）研究脸谱的线条特点

脸谱的线条，不只是面部的装饰，更重要的是通过各种图案来表达角色的喜、怒、哀、乐，让演员的形象传递起感情来更加夸张。我们可以研究脸谱的线条是如何来勾勒、凸显人物表情的，并寻找规律。

（三）尝试脸谱画的创作，增强对脸谱的了解

在前面对脸谱色彩与线条的研究上，学生要把握脸谱在表达人物形象和表情上的规律，创作脸谱画。教师要学生充分发挥想象，指导学生调动生活积累和生活经验，通过绘画去感受脸谱表达的鲜活的人物形象，去体味脸谱所表达的情感。

学生创作脸谱画

（四）脸谱的推广与创新

在收集大量学生创作的纸质稿脸谱画的基础上，思考如何将传统的脸谱文

化创新，使其能被更快地推广，更直接、更简单地被人们大范围使用。

三、研究过程

以行动研究为主，将问卷调查法、文献研究法等贯穿于整个课题实践的过程中。

（1）文献研究：对川剧脸谱的资料和研究成果进行收集、整理、比较和归纳，在文献研究的基础上筛选有效经验，运用于本课题研究。

（2）问卷调查：在学生、家长中开展关于川剧脸谱的调查问卷，分析他们对其了解的程度，为针对性地开展川剧脸谱的推广研究打好基础。

（3）行动研究：到重庆北部新区金开大道重庆川剧艺术中心进行实地考察。课题研究期间，将在本校各年级之间开展行动研究，进行脸谱的绘画与收集。

参观脸谱

四、研究结果

研究小组分别从喜、怒、哀、惧四种基本表情进行相关脸谱的收集整理。我们先观察现实中人们的脸部表情——主要是眉、眼、口、鼻的线条形状，再根据观察的情况进行有针对性的脸谱收集，最后为了印证我们的判断是否准确，对应脸谱，查找这个角色相关的生活背景、性格特点。把收集到的脸谱按表情进行分类整理时，我们又有了新的发现和收获。如下表所示，脸谱在表现喜时，眉头舒展，眉毛飞扬，眼角上扬，嘴咧开，线条上扬；表现怒时，眉头紧皱，眉毛倒竖，眼角上扬，嘴紧闭，线条下垂；表现哀时，眉头紧皱，眉毛扭曲，眼角下垂，嘴紧闭，线条下垂（开合度较小）；表现惧时，眉头紧皱，眉毛平直，眼角平直，嘴紧闭，线条下垂（周围多装零碎小线条）。在实际创作脸谱时，许多勾脸老师正是掌握了这些基本要素，创作出了各式各样，表情更加丰富的脸谱。

不同表情的脸谱特点

部位 情绪	眉窝		眼窝	口鼻窝		简笔画示意
	眉头	眉毛		口	发令纹	
喜	舒展	飞扬	上扬	咧开	向外扩展	
怒	紧皱	倒竖	上扬	紧闭	下垂 开度大	
哀	紧皱	扭曲	下垂	紧闭	下垂 开度小	
惧	紧皱	平直	平直	紧闭	下垂 周边多装饰小线条	

五、成果及影响

（一）川剧文化的研究

通过搜集资料，我们了解到川剧已有上千年的历史，“唱，练，作，打”的表演形式多样，内容涵盖丰富。那么，该从何处入手，开展我们的研究呢？带着这样的疑问，我们研究小组来到了位于重庆北部新区金开大道重庆川剧艺术中心进行参观采访。在参观过程中，古色古香的戏曲博物馆，勤学苦练的戏曲演员，还有那一张张造型各异的脸谱，都让我们真切地感受到了川剧文化的博大精深。

（二）脸谱色彩

通过博物馆工作人员的介绍和查找网络、阅读相关书籍，我们了解到以下信息：脸谱又称“花脸”，相传，在南北朝和隋唐时期就已经出现了，是中国传统戏曲中演员面部化妆的一种程式。画脸谱的主要目的是表现剧中人物的特点，让台下的观众一目了然。

（三）脸谱线条

戏曲脸谱的线条，不只是面部的装饰，更重要的是通过线条表达角色的喜、怒、哀、乐。这样，演员传递情感更加形象夸张。

通过亲手绘制戏曲脸谱，在一笔笔的勾勒中，我们会发现脸谱上的线条多集中勾画在人物的眉窝、眼窝和口鼻窝部，而且多以对称形式出现。当一个人高兴时，他的眉头舒展，眉毛、眼角都高高扬起，口鼻处也开心的裂开。张飞的脸谱就抓住了这几个特点进行了勾画。一个性格张扬，笑声爽朗的张飞已经生动地出现在大家的眼前了吧。眉窝、眼窝、口鼻窝三个部位的线条勾勒是根据现实生活中人们真实的表情进行了艺术上的夸张和强调。

（四）脸谱的文化推广和创新

我们把此次戏曲脸谱文化的学习收获向更多同学、老师介绍。没想到对于这项古老的传统文化，大家都表现出了浓厚的兴趣，不少同学还踊跃参加了宣传推广活动，举办了脸谱表情画展。可是，在这些脸谱表情画中，我们发现纸质的脸谱画不易保存，对绘画技巧要求高。最关键的是，如果缺乏一定的对脸谱知识的了解，很多人对于脸谱的线条表情还是不易做出准确的判断，这样不利于传统脸谱文化的大范围推广。大家从最熟悉的 QQ 表情中获取灵感，加入了一些让人喜闻乐见的表情道具元素，让脸谱表情更简单、易懂和有趣。

推广脸谱文化

本次《解码川剧脸谱》小课题的研究，让我们获益匪浅。传统文化的魅力，中华民族的聪明才智，无不让我们由衷地感到作为一个中国人的自豪，同时也深感肩负的重任——向全世界推广、发展传统经典文化，共同实现中国梦。

课题组成员：赵家艺　巫雨阳　龚子越　李钰涵　张爱聆　傅柟哲　冉一朵　魏子丞

指导教师：骆筱璐　罗霜　陈飞飞　王恒　郑昌平

（二）生活经营-1

《手把手，教你种平菇》研究报告

重庆沙坪坝区凤凰实验学校小课题组

一、问题提出

在一次班队课讨论“谈谈你见过的菇”的活动中，陈炳坤同学向大家介绍了他知道的“平菇”：平菇种类繁多，但生长条件和栽培工艺都基本相同。一般情况下，平菇是按色泽进行划分的，有黑色种、浅色种、乳白色种。听完陈炳坤同学的介绍，同学们纷纷向他投来敬佩的目光，并表示原来平菇还有这么多种颜色，以前都没有注意过。陈炳坤同学告诉大家，因为自己爸爸、妈妈的工作就是在家种植平菇，所以他才对平菇了解得特别清楚。知道了陈炳坤同学的爸爸、妈妈会种植平菇后，班上的同学好奇地向陈炳坤同学提出了一系列关于平菇的问题，如平菇是生长在土地里还是树干上呢？种植平菇需要哪些步骤呢？怎样才能种植出又大又好的平菇呢？平菇也像蔬菜一样，可以摘了又长出来吗？听到同学们的问题，陈炳坤同学建议大家一起到他家去看看，并向他的爸爸、妈妈询问、学习。看到此情此景，老师提议大家组成一个小课题研究组，主要研究“怎样种植平菇”，同学们纷纷表示赞同。于是，《手把手，教你种平菇》小课题组成立了。

二、研究目标（内容、对象、范围）

（1）对五年级同学展开调查，了解同学们对“菇”的认识。

（2）收集平菇的种类、生长条件、栽培方法。

（3）学会平菇的种植方法。

（4）实践平菇的种植方法，并讨论研究，获得结论。

（5）进行成果展示，扩大课题影响，让更多人了解平菇的种植方法。

（6）在种植平菇的过程中，让同学逐步形成合作、互助、坚持、分享、感恩的品质。

三、研究过程（课题的分解、计划拟定、方法与步骤、过程资料汇集）

（一）研究计划

时间	活动	目的	负责人	参加者	预期资料
9月13日	召集学生商讨选定小课题并制定学生研究计划	选定小课题。 制定学生研究计划，明确研究目的、时间安排和具体分工。	全体研究教师	全体研究学生	学生研究计划、过程照片
9月14日	制定教师指导计划	根据学生研究计划制定教师指导计划，落实具体分工。 制定学生研究活动记载表。	全体研究教师	全体研究教师	教师指导计划、学生研究活动记载空白表、过程照片
9月19日	问卷调查和统计	了解本校四五年级的学生对“菇”的认识及“菇”的种植方法。	项灵	全体研究学生	调查问卷、统计表、过程照片
9月22日—10月22日	采访种植平菇的人	了解如何种植平菇。	高婷	全体研究学生	采访照片
10月29日	指导学生上网查资料	了解菇的种类、菇的种法、菇对人体的作用及菇的烹饪等。	陈结果	全体研究学生	网络资料、过程照片
11月8日—12月8日	指导学生种植平菇	学生学习种植平菇，并撰写制作日记、观察日记。	曾举	全体研究学生	种植平菇的过程照片
12月9日—12月12日	撰写小课题研究报告	形成小课题研究报告。	高婷	全体研究教师	小课题研究报告
12月16日	整理小课题资料	各项资料分类整理、归类、成册。 将小课题制作成微视频。	曾举	全体研究学生	小课题文字资料和图片集
12月17日—12月19日	收集平菇的成品	收集生长中的平菇，了解它的生长情况。	陈结果	全体研究学生	平菇成品
12月22日—12月26日	举办平菇成果展	展示学生制作日记、观察日记，分享种植出的成果——平菇，引导全校同学了解平菇的种植流程。	高婷	全体研究学生	种植平菇的展板，各种成果、照片

（二）设计调查问卷

设计调查问卷，了解同学们对“菇”的认识、是否认识平菇、是否知道如何种植平菇等问题。

【调查问卷】

问题	答案
1. 平常，您都见过哪些菇类呢？（可多选）	A. 金针菇　B. 蘑菇　C. 鸡腿菇　D. 平菇　E. ________
2. 您喜欢吃菇类吗？	A. 喜欢　B. 不喜欢
3. 您最喜欢吃哪一种菇呢？	A. 金针菇　B. 蘑菇　C. 鸡腿菇　D. 平菇　E. ________
4. 您知道食用菇类对人体有什么作用吗？	A. 很有益　B. 不好也不坏　C. 有害
5. 您见过平菇的颜色是什么吗？（可多选）	A. 白色　B. 灰色　C. 黑色
6. 您知道人工种植的平菇长在什么地方吗？	A. 土里　B. 木头上　C. 袋子里
7. 您知道种植平菇的方法吗？	A. 知道　B. 不知道
8. 您见过别人种植平菇吗？	A. 见过　B. 没见过
9. 您想学习种植平菇吗？	A. 想学　B. 不想学

【调查问卷汇总表】

<table>
<tr><td colspan="30">调查结果</td></tr>
<tr><td colspan="12">1. 平常，您都见过哪些菇类呢？（可多选）</td><td colspan="6">2. 您喜欢吃菇类吗？</td><td colspan="12">3. 您最喜欢吃哪一种菇呢？</td></tr>
<tr><td colspan="3">A. 金针菇</td><td colspan="3">B. 蘑菇</td><td colspan="3">C. 鸡腿菇</td><td colspan="3">D. 平菇</td><td colspan="3">A. 喜欢</td><td colspan="3">B. 不喜欢</td><td colspan="3">A. 金针菇</td><td colspan="3">B. 蘑菇</td><td colspan="3">C. 鸡腿菇</td><td colspan="3">D. 平菇</td></tr>
<tr><td colspan="3">102</td><td colspan="3">98</td><td colspan="3">30</td><td colspan="3">36</td><td colspan="3">98</td><td colspan="3">2</td><td colspan="3">80</td><td colspan="3">7</td><td colspan="3">10</td><td colspan="3">5</td></tr>
<tr><td colspan="12">4. 您知道食用菇类对人体有什么作用吗？</td><td colspan="6">5. 您见过平菇的颜色是什么吗？</td><td colspan="12">6. 您知道人工种植的平菇长在什么地方吗？</td></tr>
<tr><td colspan="4">A. 有益</td><td colspan="4">B. 不好也不坏</td><td colspan="4">C. 有害</td><td colspan="2">A. 白色</td><td colspan="2">B. 灰色</td><td colspan="2">C. 黑色</td><td colspan="4">A. 土里</td><td colspan="4">B. 木头上</td><td colspan="4">C. 袋子里</td></tr>
<tr><td colspan="4">77</td><td colspan="4">22</td><td colspan="4">1</td><td colspan="2">38</td><td colspan="2">66</td><td colspan="2">10</td><td colspan="4">10</td><td colspan="4">39</td><td colspan="4">51</td></tr>
<tr><td colspan="12">7. 您知道种植平菇的方法吗？</td><td colspan="6">8. 您见过别人种植平菇吗？</td><td colspan="12">9. 您想学习种植平菇吗？</td></tr>
<tr><td colspan="6">A. 知道</td><td colspan="6">B. 不知道</td><td colspan="3">A. 见过</td><td colspan="3">B. 没见过</td><td colspan="6">A. 想学</td><td colspan="6">B. 不想学</td></tr>
<tr><td colspan="6">6</td><td colspan="6">94</td><td colspan="3">2</td><td colspan="3">98</td><td colspan="6">95</td><td colspan="6">5</td></tr>
</table>

通过调查问卷汇总表，我们可以看出，同学们喜欢吃菇，却对菇的种类不太了解，不知道食用菇对人体的作用是什么，更不知道菇是如何种植出来的。

在做调查问卷的过程中，我们发现虽然“菇”就存在于我们的日常生活中，但是同学们却从未仔细去了解过“菇”的生长和种植。当我们将问卷调查发放给同学们时，他们对种植“菇”都表现出非常高的兴趣。

（三）参观学习如何种植平菇

参观学习平菇种植

【学习种植过程记录表】

种植过程记录表			
时间	步骤	具体做法	注意事项
9 月 22 日	备料	准备种植所需要的材料：棉籽壳、生石灰、苞谷面、干谷草、糠、菌种。	
9 月 23 日	剁谷草	将干谷草切成 5 厘米左右的小段。	谷草宜短不宜长。
9 月 24 日	和料	将准备的棉籽壳、生石灰、苞谷面、谷草（5 厘米左右小段）、糠，按照比例，加水拌均匀。	1. 水要将料全部浸湿。 2. 将流出的水再次浇到料上面。
9 月 25 日	装包	将和好的料装入到透明塑料袋中（每袋料的重量大概在 6 斤左右），并用塑料绳密封。	1. 塑料袋中的料要用力压紧，不留孔隙。 2. 装料时，戴上塑料手套，避免手因接触料而被腐蚀。
9 月 26 日	蒸料	将密封好的袋料放在塑料膜上，再盖上黑色的塑料膜进行密封。用火炉将两大桶水烧开后产生的热气用塑料管灌进密封的塑料膜里，对袋料进行加热。时间为 24 小时。	蒸料时，不能靠近，避免烫伤。
9 月 27 日	冷却料	料被蒸熟后，需要完全冷却后才能进行接菌种。冷却时间为 24 小时。	“料”需完全冷却，避免加入菌种后被破坏。

续表

种植过程记录表			
9 月 28 日	下菌种	首先用酒精将自己的双手和装料的袋口进行消毒。然后用钳子将定量的菌种放入料中，压紧。最后在袋子的两端套上扣环，再用报纸和橡皮筋进行密封。	
通过参观学习，我们了解到了，平菇一般有“白、灰、黑”三种颜色。同时，经过参观学习，我们对种植平菇的过程和注意事项也有了一定的了解。			

（四）网上查阅关于“菇”的相关资料

1. 菇的种类

食用蘑菇是理想的天然食品或多功能食品。目前，在全世界食用最多的通称为蘑菇，学名为双孢蘑菇，是从野生种类中进一步筛选驯化出的优质的生产菌种。中国曾在世界上首次驯化并人工栽培成功了香菇、草菇、金针菇、猴头菌、竹荪等，现已驯化了蒙古口蘑，而野生食用菌中美味的牛肝菌、羊肚菌、香杏丽蘑、铆钉菇、牛肝菌、正红菇等也可以大量采集，供销于国内外市场。

2. 菇的种植方法介绍

平菇栽培的培养料主要有棉籽壳、锯木屑、秸秆三大类。棉籽壳和废棉以不含棉仁为好，最好用新鲜棉籽壳和废棉；轻度霉变的经烈日曝晒 1～2 天后再用；有少量害虫的，应在烈日下曝晒，喷 1000 倍敌敌畏液杀死害虫后再用。平菇栽培的方式很多，我们主要学习平菇室内栽培技术。

过程一：和料。把棉籽壳放在水泥地上，用清水浸匀，闷 2～3 小时，料水比例以 1∶1.2～1.4 为宜，气温高时水可多些，气温低时水宜少些。

过程二：装包。将和好的料经过一天的浸匀后，装进种植平菇的塑料袋子里。在装包的过程中，注意将料压紧并密封完全。大概每袋料在 3 公斤左右。

过程三：蒸包。将装袋好的料，统一放在大的塑料袋里。密封好后，将容器里的水加热产生的蒸汽输入到密封的大塑料袋里，用高温蒸汽将料蒸熟。冷却 1～2 天后，方可进行接种。

过程四：接种。等到蒸熟的料完全冷却后，就可以进行接种。接种前，需要用酒精将自己的双手和装料的袋口进行消毒，然后用钳子将菌种放入料中，压紧。最后在袋子的两端套上扣环，再用报纸和橡皮筋进行密封。

过程五：出菇前管理。播种后温度控制在 20 ℃以上，最适温度为 24～27 ℃，一般 24 小时后开始萌发，长出白色菌丝，从这时开始，要求遮光培养。播种后 25～30 天，这时需揭去旧报纸，等待菇的生长。

过程六：出菇后管理。当菌盖直径达8厘米左右，颜色由深变浅时就可采收。每批采菇后，要将床面残菇碎片清扫干净，除去老根，然后根据培养料的干湿调好水分，重新盖上薄膜，第二批菇蕾又会形成。在第二批菇采收后，应适当添加培养料补充养分。

3. 平菇对人体的作用

平菇含有的多种维生素及矿物质可以改善人体新陈代谢、增强体质、调节自主神经功能，故可作为体弱病人的营养品，对肝炎、慢性胃炎、胃和十二指肠溃疡、软骨病、高血压等都有一定疗效，对降低血胆固醇和防治尿道结石也有一定效果，对妇女更年期综合征可起调理作用。

4. 平菇的烹饪

平菇可以炒、烩、烧；平菇口感好、营养高、不抢味，但鲜品出水较多，易被炒老，须掌握好火候。新鲜的平菇在烹饪之前是否一定要用开水烫呢？其实是烫过之后再炒，就没有那么多汤汁了；如果直接烹饪，锅里就会有过多的汤汁，冲淡平菇的味道。平菇在买回来之后，尽量当天食用，如果放在冰箱里保存也最好不要超过两天。

（五）体验种植平菇

种植平菇

种植过程记录表

时间	步骤	具体做法	学生感悟
11月8日	备料	准备种植所需要的材料：棉籽壳、干石灰、苞谷面、谷草、糠、菌种。	材料真多呀！
11月9日	剁谷草	将谷草切成5厘米左右的小段。	剁谷草也是一项技术活。
11月10日	和料	将准备的棉籽壳、石灰、苞谷面、谷草（5厘米左右小段）、糠，按照比例，加水拌均匀。	被水浸湿的料会变成黄色，同时还有一股刺鼻的味道。

续表

时间	步骤	具体做法	学生感悟
11月12日	装包	将和好的料装入到透明塑料袋中（每袋料的重量大概在6斤左右）并密封。	我们在装料的时候，需要将料压紧，非常累。而且在密封的时候，需要将袋子系紧，好困难。还好我们两个同学一组，互相合作，困难减半，效率提高了。
11月14日	蒸料	将密封好的料袋放在塑料膜上，再盖上黑色的塑料膜进行密封。用火炉将两大桶水烧开后产生的热气灌进密封的塑料膜里，对袋料进行加热。时间为24小时。	蒸料时会产生很大的热气，要特别小心避免烫伤。同学们在准备时，互相提醒，特别温馨。
11月15日	冷却料	料被蒸熟后，需要完全冷却后才能进行接菌种。冷却时间为24小时。	为了菇的质量，我们要确保“料”完全冷却。
11月17日	下菌种	用酒精将自己的双手和装料的袋口进行消毒；用钳子将菌种放入料中，压紧；在袋子的两端套上扣环，再用报纸和橡皮筋进行密封。	在下菌种的时候，我们特别小心翼翼，总担心会因为自己的操作不当导致菌丝不能长出来。
11月22日	出菇前管理	播种后温度控制在20 ℃以上，最适温度为24～27 ℃，一般24小时后开始萌发，长出白色菌丝，从这时开始，要求遮光培养。	接种后，我们会时时去观察袋子是否有变化，终于在一天之后，接种后的袋子里开始长出白色的菌丝，好神奇。
12月20日	出菇后管理	当菌盖直径达8厘米左右，颜色由深变浅时就可采收。每批采菇后，要将床面残菇碎片清扫干净，除去老根，然后根据培养料的干湿调好水分，重新盖上薄膜，待第二批菇蕾形成。采收第二批菇后，适当补充养分。	看到自己的劳动成果，我们特别激动，很有成就感。以后，我们也可以自己动手种植平菇了。我们商量着把种植平菇的方法向全校同学、身边的亲戚朋友宣传，让大家都能自己在家种植平菇。
我们在亲身体验的过程中，感受到了自己在付出辛勤劳动后有所收获的喜悦之情。同时，在自己的精心护理下，一袋平菇还能长出至少三次平菇，我们充满了成就感。在学校“凤凰节”展示时，在老师的组织下，我们将自己的劳动成果做成平菇汤和全校师生一起分享，那份快乐无以言表。			

四、研究的结果

根据我们小课题组成员的调查研究，我们了解了正确食用“菇”对人的健康是有百利而无一害的。平菇虽然有不同的品种，但种植方法大同小异，生长环境不尽相同。人工种植的平菇不是生长在土里，也不是生长在树干上，而是种植在塑料袋里。平菇的种植也不是我们想象中的播种、施肥后，就可以收获那样简单。种植平菇需要按比例合理配置养料、细心接种、仔细控制好温度、湿度、光度，确保每个环节正确到位，这样才能种植出又大又好的平菇。若有一个环节出现了差池，平菇的成长都会受到影响。如：蒸料后，未冷却接种，会导致菌种被破坏，不生长；接种时未消毒，会导致菌种被感染，不生长；装袋的料若未被压紧，袋子有破漏的情况，会导致菌种在袋中发芽，不利于生长等。每一袋平菇可以生长 2～3 次，需要注意的是，每次采菇后，要将残菇清理干净，并补充一定量的水，以保证平菇的第二次生长。

袋子破损，导致平菇不能正常生长

我们小课题组的伙伴们在陈炳坤同学爸爸、妈妈的指导下，学会了如何种植平菇。随后，我们在学校的“乡村少年宫”教室里，开始了第一次种植平菇。一个月后，我们的平菇终于长出来了。看着健康生长的平菇，我们知道，我们的小课题研究成功了。我们也希望将小课题《手把手，教你种平菇》进行推广，让更多的人知道如何种植平菇。

自己第一次种植出的平菇

五、成果与影响

为了让更多的人了解如何种植平菇，也为了宣传我们的小课题《手把手，教你种平菇》，我们在学校的凤凰节中进行了展示，并将之前种植出的平菇做成平菇汤分享给全校师生、家长，及其他来宾。同时，我们还手绘了《手把手，教你种平菇》的小册子分发给大家，让大家学会平菇的种植方法，做到自给自足。在计算机老师的帮助下，我们还制作了《手把手，教你种平菇》的微视频，让更多的人了解并学习平菇的种植方法。

我们向邓瑜校长提议在学校的空地建立“幸福平菇种植园”，让更多的同学到“幸福平菇种植园”里学习平菇的种植。等到“幸福平菇种植园”里的平菇丰收时，我们就将平菇拿到街上去义卖，将义卖所得钱款捐给需要帮助的同学或是敬老院的爷爷、奶奶。邓瑜校长对我们的提议给予了高度的评价和肯定，并表示会尽快帮助我们实现这个美好的愿望。

品尝平菇汤

凤凰节时，我们将亲手种植的平菇烹饪成了美味的平菇汤，并邀请来宾和他们的爸爸、妈妈一起品尝。

在沙坪坝小学进行展示

我们的小课题《手把手，教你种平菇》代表在沙坪坝小学进行推广展示。

课题组成员：孙颖萱　张婷奕　石韵涵　王丹玲　孙嘉怡　袁甫巧　陈燕秋　陈炳坤

指导教师：高婷　曾举　项玲　陈结果

（二）生活经营-2

《如何环保处理废油——自制肥皂》研究报告

重庆沙坪坝区石井坡小学小课题组

一、课题的提出

一次，班上的一名同学把家里抽油烟机的废油倒进下水道，导致下水道严重堵塞。经过上网查找资料，我们知道了抽油烟机的废油非常容易堵塞下水道，即使丢到垃圾桶里，也会污染环境。那么问题来了，怎么环保地处理抽油烟机的废油呢？于是，我们决定研究废油的环保处理。

二、研究目标

（1）学习探究自制肥皂的过程。

（2）培养学生实验、采访、查找资料的能力。

（3）培养学生创新意识，环保意识。

三、研究过程

（一）拟定计划，人员的分工，材料工具的准备等

在确定了石井坡小学五年级二班同学为研究小组成员以后，同学们和老师一起制定了研究计划，并且在实践中不断修改、完善计划。成员分工中，每个成员都要参与每一项研究，每项研究安排专人负责。

（二）肥皂制作的研究过程

1. 采访老师

采访科学老师朱伟，发现废油可以用来制作肥皂，这样既环保地解决了废油的问题，还创造了利用价值。

2. 上网查找资料

（1）废油的危害。

通过上网查找资料，我们知道了废油不能排放到下水道里，容易堵塞下水道；也不能作为花肥，因为会堵塞花草的根系，让花草不能正常呼吸；扔到垃圾箱也会污染环境。所以，废油不好好处理是有害的。

（2）废油制作肥皂的方法以及材料。

把废油变成肥皂，具体做法如下：平时将废油积累起来，等到了一定量的时候就可以自制肥皂了。

准备器具：不锈钢杯、不锈钢勺（注意不能用铝制器具）、乳胶手套、模具。

原材料：抽油烟机废油、水、氢氧化钠（俗名烧碱）。它们的比例大致为——氢氧化钠∶水∶废油为1∶1∶5。

操作方法：

①先带上手套将氢氧化钠放入不锈钢杯，再将水缓缓倒入杯中，用不锈钢勺搅拌5分钟（使氢氧化钠完全溶于水）。

②边倒废油边搅拌，几分钟后将皂化后的溶液倒入模具定型。

③过几天待溶液完全凝固后，取出肥皂切块。

④将③中的肥皂块放至通风处，大约一个月后就可以使用了。

3. 探究肥皂制作方法

第一次实验

准备器具：不锈钢杯、不锈钢勺、乳胶手套、废旧盒子等。

原材料：抽油烟机废油、氢氧化钠。

自制肥皂的工具

自制肥皂的材料

操作方法：加入氢氧化钠，先将其少量倒入不锈钢杯，再倒入等量的水，用不锈钢勺搅拌使氢氧化钠完全溶于水。然后倒入 5 倍的废油搅拌，皂化后倒入容器定型。

第一步：烧碱溶水

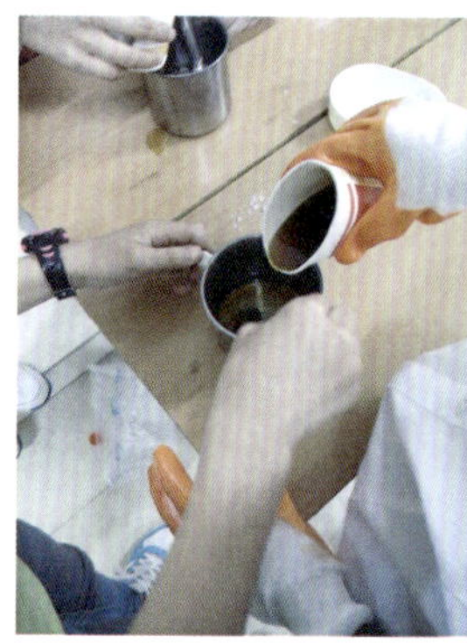

第二步：倒入废油

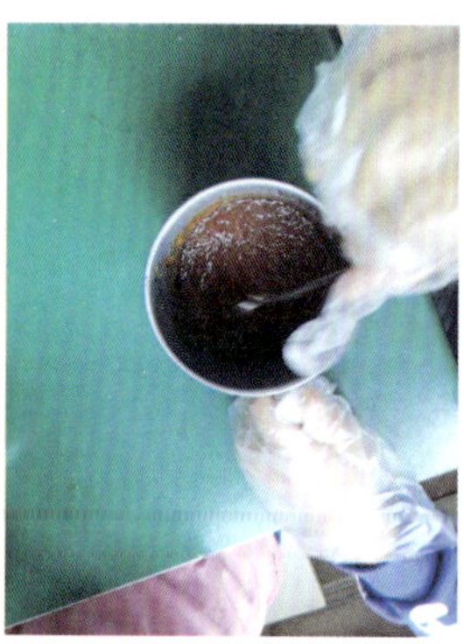

第三步：搅拌皂化

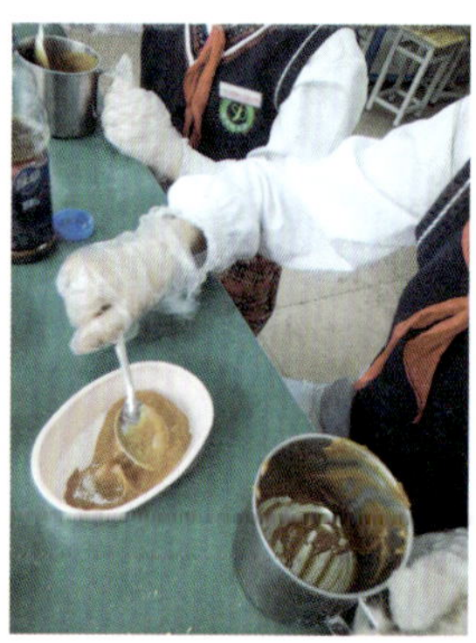

第四步：倒入旧盒子

结果：多日未干的肥皂，实验失败

第一次实验时，肥皂干得非常慢。查找资料后我们知道了：加盐可以加速肥皂硬化，加糖使肥皂在使用时产生泡沫。

第二次实验：加盐加糖后肥皂制作实验

材料中添加了糖和盐制成的肥皂

第二次实验，我们在材料中添加了糖和盐，但盐加得太多，制成的肥皂不成型，实验失败。

第三次实验：用上下都没底的蛋糕模具制作肥皂

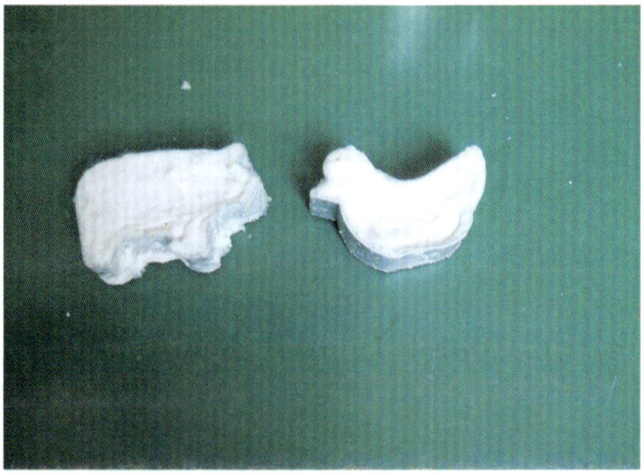

用镂空的蛋糕模具来盛皂化后的肥皂

我们用镂空的蛋糕模具来盛皂化后的肥皂，但干后还是不易取出。实验失败。

第四次实验：用铺垫油纸的方法制作肥皂

肥皂很容易取出

肥皂造型不太好看，实验较成功

第五次实验：用牛奶盒做模具制作肥皂

用牛奶盒做模具

成型的肥皂，造型一般，实验成功

第六次实验：用塑胶模具做实验

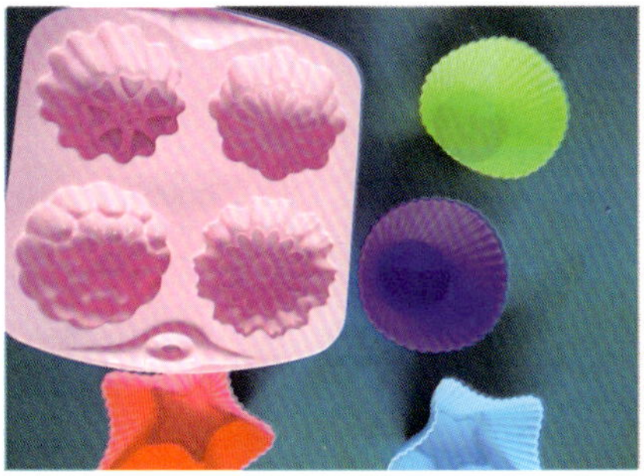

塑胶模具

皂化后倒入塑胶模具

易干，极易取出

肥皂造型丰富漂亮

这次实验制作的肥皂，造型又漂亮又丰富。成功后，我们又用模具批量做了几次肥皂，效果都挺好。

自制肥皂从失败到成功的六次实验对比

	第一次实验	第二次实验	第三次实验	第四次实验	第五次实验	第六次实验
工具	不锈钢杯、不锈钢勺、乳胶手套、废旧盒子	不锈钢杯、不锈钢勺、乳胶手套、废旧盒子	不锈钢杯、不锈钢勺、乳胶手套、蛋糕模具	不锈钢杯、不锈钢勺、乳胶手套、油纸	不锈钢杯、不锈钢勺、乳胶手套、牛奶盒	不锈钢杯、不锈钢勺、乳胶手套、塑胶模具
材料	氢氧化钠、水、抽油烟机废油	氢氧化钠、水、抽油烟机废油	氢氧化钠、水、抽油烟机废油、盐、糖	氢氧化钠、水、抽油烟机废油、盐、糖	氢氧化钠、水、抽油烟机废油、盐、糖	氢氧化钠、水、抽油烟机废油、盐、糖

续表

	第一次实验	第二次实验	第三次实验	第四次实验	第五次实验	第六次实验
实验步骤	1. 把氢氧化钠溶于水。 2. 倒入5倍废油。 3. 搅拌成膏状。 4. 皂化后倒入废旧盒子。	1. 把氢氧化钠溶于水。 2. 倒入5倍废油。 3. 搅拌成膏状。 4. 加入3倍于烧碱的盐和糖。	1. 把氢氧化钠溶于水。 2. 倒入5倍废油。 3. 搅拌成膏状。 4. 加入等量于烧碱的糖和盐。 5. 皂化后倒入蛋糕模具。	1. 把氢氧化钠溶于水。 2. 倒入5倍废油。 3. 搅拌成膏状。 4. 加入等量于烧碱的糖和盐。 5. 皂化后倒入铺油纸的盒子。	1. 把氢氧化钠溶于水。 2. 倒入5倍废油。 3. 搅拌成膏状。 4. 加入等量于烧碱的糖和盐。 5. 皂化后倒入废旧牛奶盒。	1. 把氢氧化钠溶于水。 2. 倒入5倍废油。 3. 搅拌成膏状。 4. 加入等量于烧碱的糖和盐。 5. 皂化后倒入塑胶模具。
效果	不易干，实验失败。	不成型，散了，实验失败。	不易取出。实验失败。	易取出，造型不好看。实验较成功。	易取出，造型一般。实验成功。	易干易取，造型丰富漂亮。实验很成功。
成因	未加盐。	加盐过多。	模具不对。	模具一般。	模具经济，但造型一般。	造型漂亮。

（三）肥皂功效实验

我们用自制的肥皂洗有油污的口罩，观察肥皂的功效。并用超市买的肥皂洗口罩，进行对比实验。

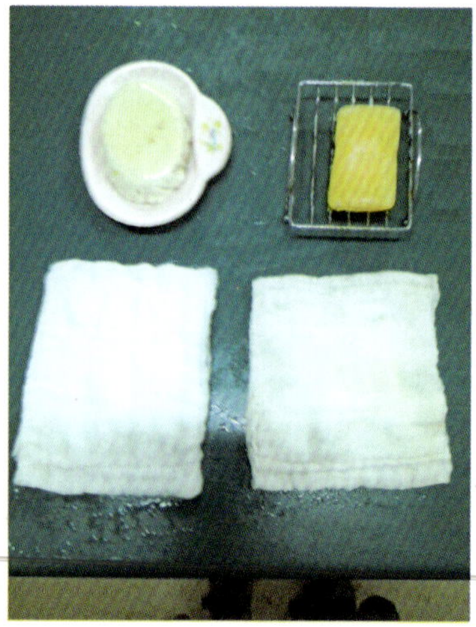

两种肥皂（自制及购买的肥皂）洗的口罩对比

（四）拓展研究

（1）通过采访、查找资料、实验等方法研究，我们知道了氢氧化钠能去油污，于是我们做了用氢氧化钠去厨房和厨具油污的研究实验。

（2）通过上网查找资料和采访科学老师，我们知道了纯碱还可以用来洗蔬菜水果，而且没有污染。

（五）产生的问题：肥皂上的结晶是什么？

（1）猜测：是不是没有溶化而浮出的糖、盐或者烧碱？

（2）实验验证。

pH 值测试实验

用 pH 试纸分别测试糖溶液、盐溶液、肥皂结晶溶液、烧碱溶液的 pH 值。

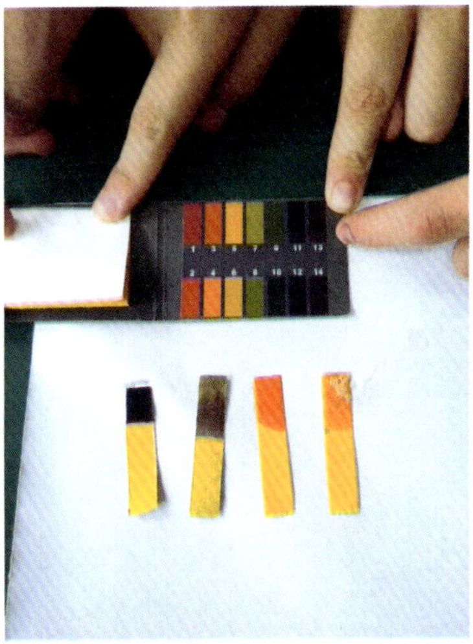

四种溶液的 pH 值对比

如上图，右起分别为糖，pH 值为 5；盐，pH 值为 6；结晶溶液，pH 值为 9；烧碱，pH 值为 12。

结论：肥皂上的结晶为未溶解的烧碱。

大胆推测：每次实验，我们用的成分比例都一样，不同的是搅拌力度有差别，那么有的肥皂有结晶而有的没有，会不会是搅拌不够导致的氢氧化钠没有完全溶解呢？于是我们决定用加热的方式使氢氧化钠完全溶解来制作肥皂。

用隔水蒸的方式促进烧碱溶解

隔水蒸做成的肥皂

搁置相同时间，未用隔水蒸做的肥皂

结论：用隔水蒸的方式加速氢氧化钠溶解，能有效避免肥皂结晶。

四、研究结果

通过一个多月的研究，我们有了以下结果：

（1）用抽油烟机的废油制作肥皂既环保又经济适用。

（2）用废油制作肥皂时要注意成分比例。

（3）制肥皂的模具很重要，用牛奶盒较经济，用塑胶模具造型较漂亮。

（4）氢氧化钠要完全溶解才不会产生结晶。用隔水蒸的方式可以加速氢氧化钠溶解。

（5）用烧碱溶水可以去除厨房油污，用纯碱溶水可以洗蔬菜水果。

五、成果推广

（1）调查：你家多久排一次抽油烟机的废油，怎么处理的？

通过我们的调查统计，发现同学们很多都知道家里处理抽油烟机废油的方式不环保，但依旧在用这些不环保的方式处理废油。

（2）推广如何利用废油制肥皂：把我们研究的成果资料向同学推广，让他们学习利用废油自制肥皂。

课题小组到学校各班去推广研究成果

六、课题延伸

自制香皂实验。在网上购买皂基、基础油、模具等材料工具就能制作出环保、漂亮的自制香皂。

做成的各色各状的香皂

只要几个小时就能轻易取出

制作出的香皂

同学们自制的香皂干后，其形状、颜色都很漂亮，而且制作这么多香皂成本只要十几块钱，既环保又经济。

这次小课题研究，我们较大的实验做了十二次，每个实验还包含了很多个小实验。通过实验、上网查资料、采访老师等方式，我们不但学会了利用废油自制肥皂，而且用实际行动培养了自己的环保意识，提高了自己发现问题、解决问题、小组合作等综合能力。

课题组成员：冯佳欣　汤茜婷　田雨湘　李叶娟　谢青灵　何强
指导教师：古启平　刘志娟　刘远莉　冯霞

（三）健康安全—1

《新型洗碗液》研究报告

重庆沙坪坝区育英小学小课题组

一、前言

你知道怎样的洗碗液最环保吗？那赶快走进我们育英小学《新型洗碗液》小课题实验研究小组去看看吧。我们围绕这个课题，通过开展调查访问、对比实验、专家论证等一系列活动进行了一次研究。小课题组分为六个小组，每个小组由四名成员组成。大家分工合作，分别做了一系列的实践研究。

二、问题提出

在上完一节科学课后，我们帮助科学老师清洗烧杯和试管。由于老师做实验时在试管中加入了食用油，用水怎么冲都冲不干净。有同学提议用洗碗液来清洗，但另外有同学认为洗碗液有毒，如果清洗不干净，反而会对人体造成伤害。听到这句话，同学们纷纷议论起来，有的认为洗碗液不会对人体造成伤害，有的听说过，好像是有毒害，至于是什么毒害却不清楚。我们咨询科学老师，老师指导我们，对于大家不了解的事物我们可以通过一些方法去了解。所以，我们就成立了一个小课题小组，把洗碗液作为我们研究的对象。

三、研究目标

我们希望通过这次课题实验激励更多的人在日常生活中积极使用环保健康的洗碗液，进而提升我们的健康水平，提高大家的环保意识，更是为我们重庆市创建国家环境保护模范城市做出我们小学生应尽的义务！

四、研究过程

（一）调查活动

1. 网上查阅

通过上网查阅相关的资料，我们知道了：洗碗液，也称为洗涤剂，人们每天都在使用的洗碗液主要成分是石油的二级衍生物——十二烷基苯磺酸钠。为了让大家更明白一些，举个例子。大家都知道铺路面的沥青吧，那是石油的三级衍生物。想想是不是有点恶心呢？

由于十二烷基苯磺酸钠比较容易挥发，所以生产厂家就加了10%的黏稠剂。加了黏稠剂后，十二烷基苯磺酸钠的味道很刺鼻，所以生产厂家又加了10%工业香精，让洗碗液有橘子味、柠檬味。除此之外，洗碗液还容易氧化，氧化后的洗碗液会变成绿色，蓝色。但是我们家里的洗碗液怎么没变色呢？因为生产厂家在里面加了10%防腐剂，所以没变色。

吉林电视台曾经作过一个调查，用市场上的9种洗碗液洗过餐具后，用自来水冲洗12遍，还能检测出平均0.03%的残留。别小看这0.03%，我们每天都在用洗碗液，而且我们平均冲洗根本没有12遍。我们每天吃饭、喝汤就把这残留物吃到体内，一两天没问题，一两年问题也不大，但是十年、二十年后，问题就大了。就算不说洗碗液是影响健康的主要原因，但起码它是个无法忽视的原因之一。

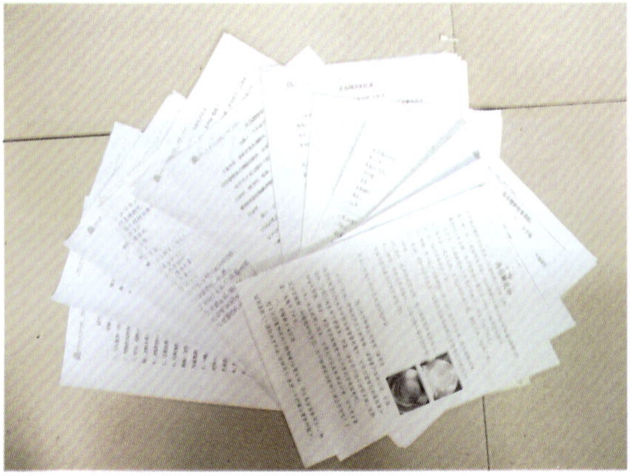

瞧，这是我们上网搜集的各种资料！

2. 调查访问

（1）设计调查问卷。

在我们的生活中，使用洗碗液的人有多少？大众对洗碗液的了解，同学们对家里是否使用洗碗液的观察和认识有多少？我们能不能发现一种效果显著的替代品来代替洗碗液呢？我们决定做一次实地调查来解决这些疑问。为了方便调查，我们制作了一份调查问卷。

（2）实地调查。

设计好调查问卷以后，我们分别对学校的同学和路上的行人随机进行了抽查，让他们来帮助我们填写调查问卷。

学校里，同学们似乎一问三不知

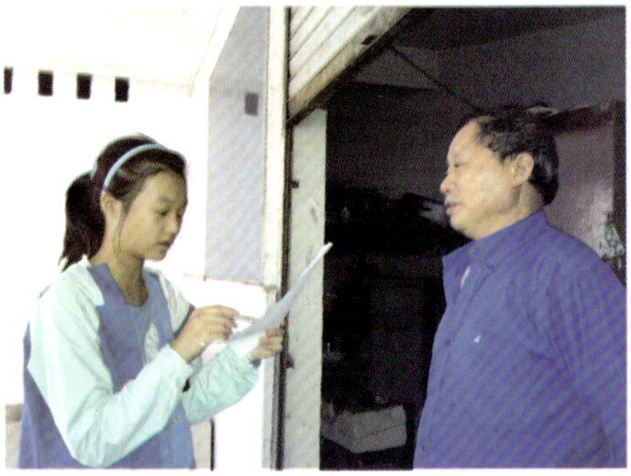

学校食堂的炊事员，他也不是很清楚

走进街道，采访路人

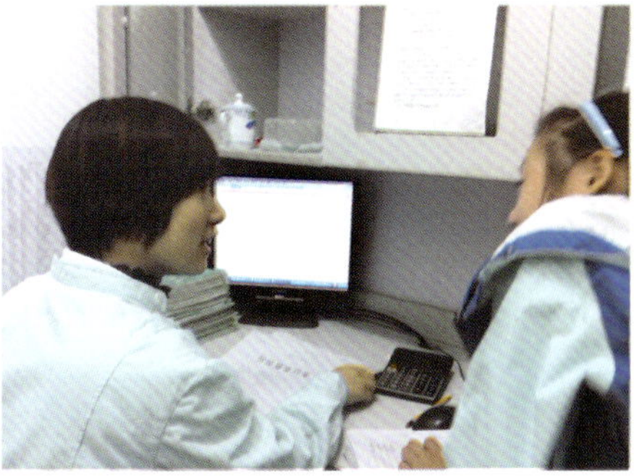

走进社区，采访医生

百货商店的叔叔对于洗碗液也不清楚

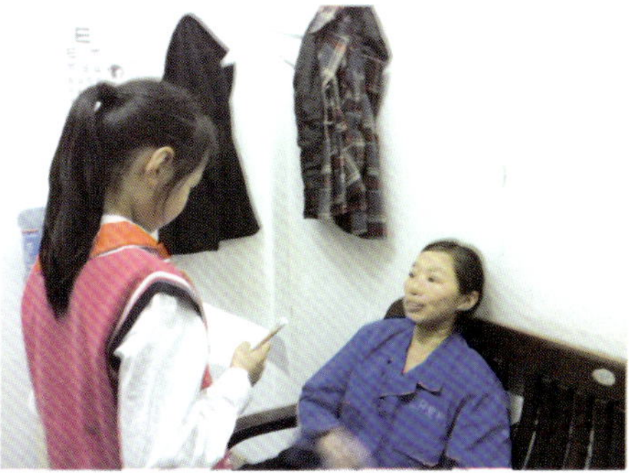

走进学校，采访清洁阿姨

（3）问卷分析。

我们一共发出了 70 份问卷，收到了 63 份有效问卷。其中，两者相同（做饭和洗碗为同一人）的问卷 37 份，占到总数的 59%，两者不同（做饭和洗碗为不同的人）的问卷 26 份，占到总数的 41%。

我们对洗碗的人继续提问，询问他们在清洗碗筷时是否使用洗碗液。选择“是”的问卷有 47 份，占总数的 74%。从抽查的这部分人群中我们大概可以了解到，洗碗液在现代生活中的使用已经占到了一个较大的比重。

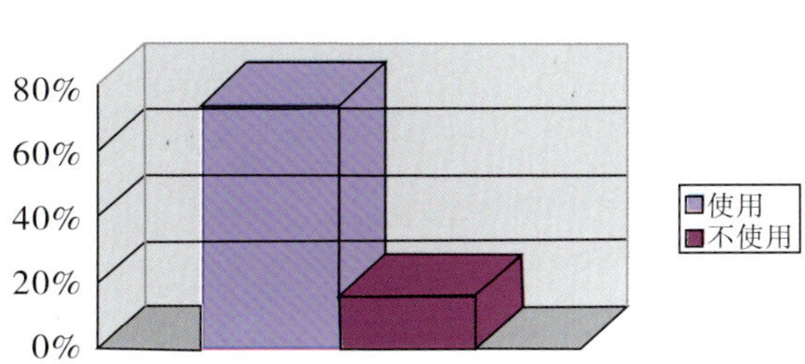

是否使用洗洁液的调查结果

我们将使用洗碗液的 47 份问卷再进行了一个统计，约 13%的问卷显示只漂洗 1 次，57%的问卷表明漂洗 2 次，30%的问卷填写漂洗 3 次及以上。问卷调查结果显示，超过一半的人群对于使用过洗碗液的碗筷如何才算是漂洗干净并没有一个明确的概念。在采访过程中，有多数人认为："用洗碗液洗一次，清水洗一次就差不多了。"

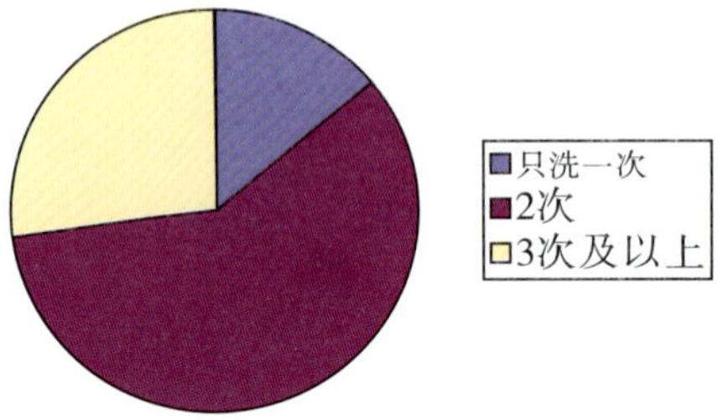

清洗碗筷次数问卷总数统计

针对洗碗液对人体是否有危害和对洗碗液的危害了解有多少的问题，我们进行了强查，并将 38 份学生问卷和 25 份家庭问卷分别进行了统计。

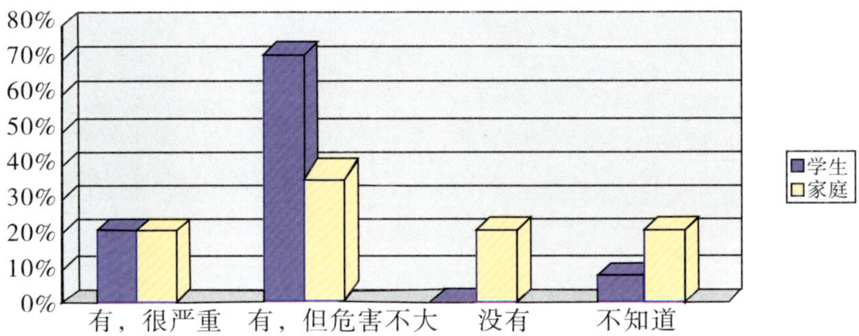

洗碗液对人体危害了解度调查

人们对洗碗液危害了解的调查统计结果显示，选择"有，很严重"的学生有 21%，家庭有 20%；选择"有，但危害不大"的学生有 71%，家庭有 40%；选择"没有"的家庭有 20%，学生无；选择"不知道"的学生有 8%，家庭有 20%。结果表明，学生和家庭认为危害不大的比重占总比重的大部分，说明人们对洗碗液的认知还停留在一个普遍不重视的阶段。并且还有相当一部分家庭认为洗碗液是没有什么危害的。

那么，洗碗液到底有什么样的危害，学生和家庭对洗碗液的危害了解又有多少呢？我们接着了解到了以下信息。

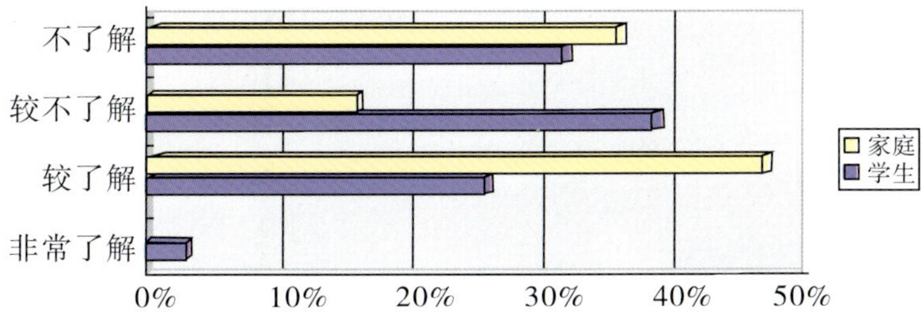

学生和家庭对洗碗液危害了解度

上图显示，1 份学生问卷表示非常了解；10 份学生问卷 26%，12 份家庭问卷 48%表示较了解；15 份学生问卷 39%，4 份家庭问卷 16%表示较不了解；12 份学生问卷 32%，9 份家庭问卷 36%表示不了解。从柱状图来看，家庭对于洗碗液危害的了解多过学生，学生对于洗碗液的危害了解的并不多，并且也很少从周围生活中接收到有关于洗碗液危害的知识。

（二）对比实验

通过搜集网络资料、报纸等，以及同学、家长们认为可能有效的办法，我们决定进行对比实验。

1. 制定实验计划

首先我们从调查问卷中统计出了几样出现次数比较高的建议替代品，然后根据这些替代品制作了实验计划表。

2. 实验过程

实验材料：烧杯、食用油、吸油纸、玻璃棒、滴管。

对比材料：冷水、热水、柠檬、茶、盐、小苏打、大米。

实验方法：

（1）将各种材料配制成饱和温水溶液。

（2）用滴管滴两滴食用油在烧杯的底部。

（3）将各种饱和溶液分别装入滴了油的烧杯中，静置 3 分钟。用玻璃棒搅拌约 30 下，倒出，再清洗一次烧杯。

（4）用吸油纸擦拭杯底和杯壁（本吸油纸的特点是遇油变色，而遇水不变色）。对比吸油纸油渍的面积、颜色的深浅得出哪种材料的饱和溶液去油效果更好。

实验第一步，烧杯里的水一定要平均

看，我们齐心协力哟！实验多认真

放入茶叶、柠檬等配制相应溶液

配制溶液时进行仔细地搅拌

看看，还算比较均匀吧

开始“滴油”

1 分钟后，看看有变化了吗

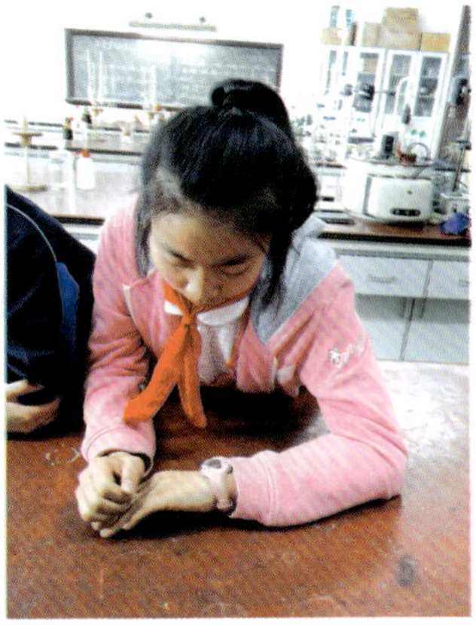

计时员一点儿也不马虎

再耐心地等待一下

观察是我们科学实验的好方法

抓紧时间把实验情况记录下来吧

我们有专属摄影师

用吸油纸擦拭杯底

看，效果很清晰

实验器皿得清洗干净

器皿也得摆放整齐了

3. 实验记录

在做实验的过程中，我们一边观察烧杯里面油的变化，一边填写了实验记录表。

4. 实验结论

我们通过实验发现，小苏打水、茶水的去油效果最佳。

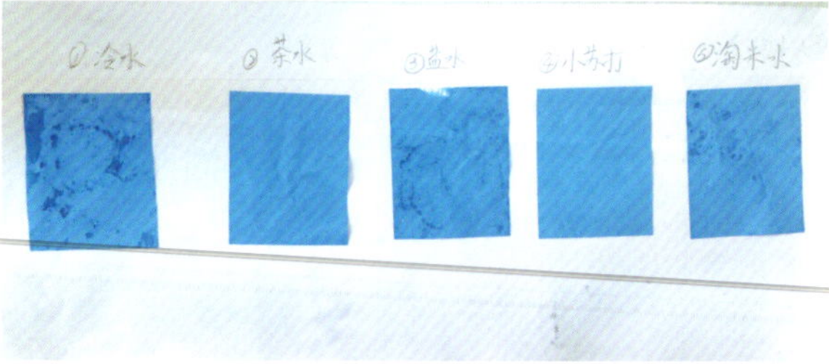

去油效果展示

（三）专家论证

1. 采访专家

为弄清楚实验的相关原理，我们专门拜访了重庆大学化学系的教授。在与教授的交流中，我们进一步弄清楚了这次实验的意义，同时，对于相关的实验数据有了更加清晰的印象。

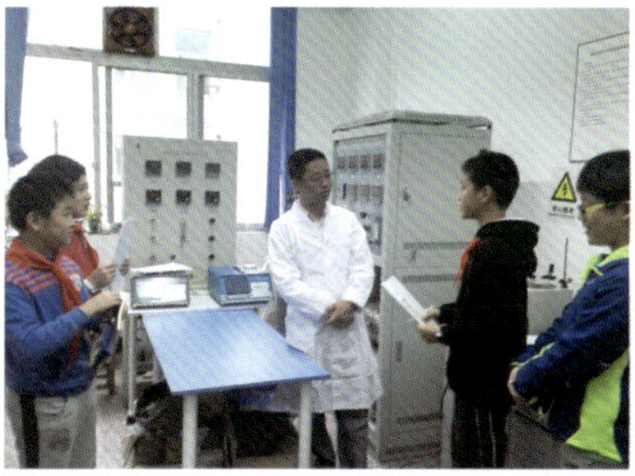

与专家、教授进行交流讨论

2. 实验论证

在得到专家教授的指引后，我们来到重庆大学化工学院再次进行了实验，对于哪种材料较好这个问题进行了进一步的论证。

借助于重庆大学实验室的精密仪器和用具，我们再一次论证了实验的结果——小苏打水和茶水的去油效果最好。

论证实验

五、研究结果

（1）我们发现了洗碗液对我们的身体会造成一定程度的伤害。我们有义务到学校、街道、社区向大家宣传洗碗液的危害。

（2）我们通过自己设计的实验来验证猜测，证明了小苏打水、茶水去油效果较好，可以推广。

（3）我们通过询问专家，了解到原来油能与碱性物质发生化学反应，所以小苏打、茶水能起到去除油渍的效果。

六、成果与影响

2012 年获“沙坪坝区小课题展示活动”一等奖。

2015 年获“重庆市第三届青少年创新思维大赛”创新成果小学组第二名。

课题组成员：陈思宇　王瀚平　杨丽婷　郑雨阳　陈亦茜　付婧欢　王子璇　张琳茗

指导教师：张利容　庞飞　刘勇　刘欣　周妍

（三）健康安全-2

《如何减少对人体有害的夜市油烟》研究报告

重庆沙坪坝区新桥小学小课题组

一、问题的提出

2011 年 8 月 28 日，被称为“市政一号夜市”的新桥夜市正式开张了，这是政府为老百姓做的又一件大实事儿！它改变了新桥以往乱摆乱放的混乱环境，充分体现了宜居重庆的理念。夜市真大，上面搭建了蓝色的经营棚，划分了统一摊区，有食品区，日杂百货区等。夜市里的烧烤铺生意兴隆，呛人的油烟味到处乱飘，让人受不了。

这么大的油烟对居民生活有哪些影响呢？有没有好的办法能消除烧烤的油烟呢？同学们对此产生了疑问。在老师的指导下，同学们成立了课题研究小组，围绕以上问题，开始了《如何减少对人体有害的夜市油烟》的研究。

二、研究目标

（1）了解油烟的危害。

（2）了解油烟的特点、产生油烟的原因等。

（3）设计、制作新式烧烤专用油烟机模型。

三、研究过程

（一）分解课题

（1）烧烤产生的油烟对人体有多大的伤害呢？

（2）夜市油烟对周边居民生活有哪些影响？

（3）烧烤烟雾是怎样产生的？怎样减少烧烤烟雾的排放呢？

（4）设计低成本的烧烤摊油烟机。

（5）制作烧烤摊油烟机的模型。

（二）制定计划

《如何减少对人体有害的夜市油烟》小课题研究计划

（2011 年 10 月—2011 年 11 月）

研究内容及任务	负责人	研究方法	时间	地点	准备
烧烤油烟对人体有多大的伤害	刘芮伶 刘雨滋	网络查询 采访专家	第 6 周	新桥小学 新桥医院	联系专家 记录工具
油烟对周边居民生活的影响有哪些	胡巧丽 徐笠洁	问卷法 采访调查法	第 6 周	新桥夜市周边	问卷 照相机等
烧烤烟雾是怎样产生的	刘冠男 胡巧丽	观察法 比较实验法	第 7 周	新桥小学 新桥夜市	烧烤食材 及工具
设计、制作低成本的烧烤摊油烟机	刘冠男 宋杏湘	创新设计 动手制作	第 8—11 周	学校 家	铝皮、电机 塑料管、透明 盒子等

（三）开展研究

1. 调查分析（运用问卷调查法、实地考察法）

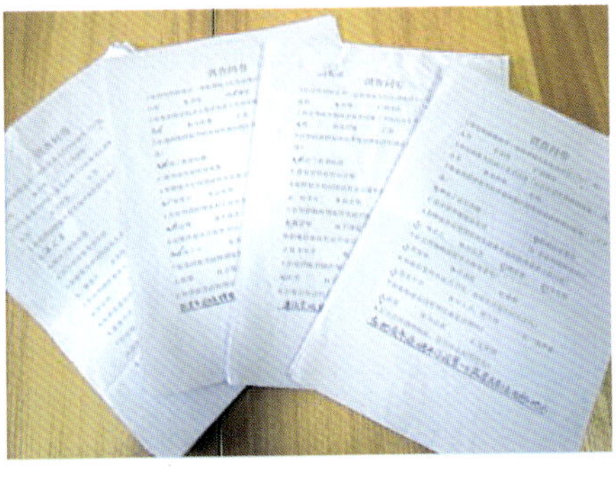

调查分析

我们向新桥地区居民、学校师生和家长发出 80 张问卷调查表，共回收 75 张。调查中发现 100%的受调查者都认为夜市的开张给自己的生活带来了便利，规范了市场。但是对于夜市油烟的问题，78%的人觉得烧烤产生的油烟太重，气味太浓，53%的周围居民感觉夜市开张时不敢打开窗户，85%的人建议对夜市油烟进行处理。

针对调查问卷中出现的问题，调查小组进行了实地考察。我们发现烧烤区内浓烟滚滚，来的顾客个个捂鼻、扇烟。如果能把烟的问题解决了，那该多好呀！

2. 搜集资料（网络查询法、采访专家）

我们通过上网查找资料了解到，烧烤产生的油烟对人体的危害有：

（1）油烟气被人体吸入后会降低人体免疫功能。

（2）油烟刺激人们的眼睛，诱发心血管疾病。

（3）油烟是导致肺癌的危险因素之一。

3. 考察与倡议（实地考察法、实验法）

针对烧烤烟雾是怎样产生的以及怎样减少烧烤烟雾的排放问题，我们经过了实地考察和亲自实践。我们发现了烧烤烟雾产生的原因是：

（1）炭燃烧产生少量烟雾。

（2）刷在食品上的油和佐料在高温烘烤时产生的烟雾。

（3）食品高温烘烤时产生的水汽。

实践证明：使用电烧烤箱烟雾少；质量较好的原木木炭烟雾比较少；刷在食品上的油越少，烟雾也越少。

发出倡议

我们将发现写成倡议书，提倡烧烤商贩使用环保健康的电烧烤架或原木无烟炭，向各烧烤商贩进行宣传。但是，在宣传中我们也遇到一些阻力。很多烧烤商贩都认同烧烤烟雾对人体危害很大，但是他们都表示电烧烤架成本高，烧烤出来的食物口味要差很多，且油少了食品容易焦，等等，因此我们的倡议没有得到烧烤商贩的响应。

4. 设计与制作（实践法）

（1）设计图纸。

受到家用抽油烟机的启发，在老师的鼓励下，一次名为《烧烤烟雾消除机》的设计活动在六年级热火朝天地开展起来了。

《烧烤烟雾消除机》设计活动

看同学的设计多有创意呀！

唐小涵同学在设计时考虑了烟机与烧烤架摆放的合理性，还能有效防雨，真不错。

赵廷冰同学在设计时在烟机的管道上下了功夫，把烟引向离居民区较远的位置。

刘冠男同学还考虑了如何在排放中过滤烟，让烟更洁净，想象真丰富。

学生的油烟机设计图

（2）制作模型。

在科学老师的带领下，从同学们的设计中我们找出了几个较为合理的设计，动手制作了起来。

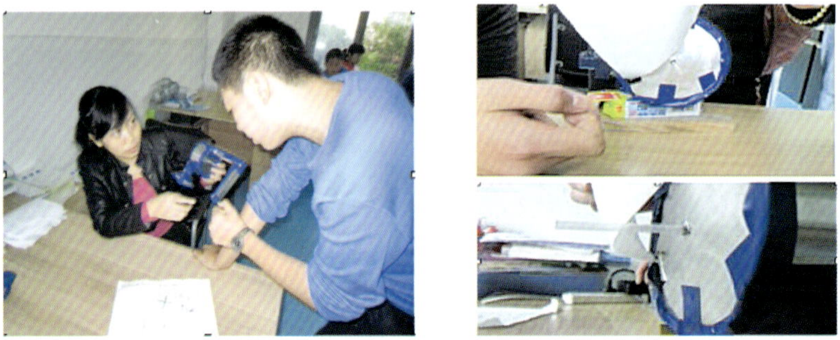

刘冠男最早的制作过程

最后的“油烟过滤机”模型

（3）油烟过滤机设计介绍。

油烟过滤机的原理是：小电动机带动排风扇叶片旋转，吸入油烟；油烟通过抽风机由高温烟筒进入浸泡在水中的低温烟筒，水将油烟冷却；形成油滴进入集油器，剩余的气体在烟道中经过过滤网过滤后排放。

四、研究结果

（1）参加课题研究的成员知道了烧烤产生的油烟对人体的危害，激发了自己对于环境保护的使命感。

（2）同学们设计并制作了简易的“油烟过滤机”模型，能够处理烧烤产生的油烟中的油质和大颗粒物，消除刺鼻的气味。

（3）“油烟过滤机”模型在“第六届全国中小学劳技教育创新作品邀请赛”中荣获金奖。

夜市油烟的消除活动，一方面激发了同学们的环保使命感，为沙坪坝区创建模范卫生城区出力，另一方面也为同学们的健康成长注入了科学发展意识，使同学们明白了美好的社会需要大家不断思考、不断创新才能实现。

五、成果与影响

（1）经过试验和到烧烤摊实地观察，我们找到了烟雾产生的原因，于是向新桥夜市的每一个烧烤摊发出了“使用电烧烤箱烤食品，使用质量较好的原木木炭，少在食品上刷油”的倡议，以减少烟雾的产生，改善了夜市周边的空气质量。

（2）研究组的成员带上“油烟过滤机”模型到夜市做展示和宣传，引起了烧烤摊主的兴趣。由于我们的极力推荐，以及街道的支持，部分摊主装上了带烟筒的换气扇，还在烟筒末端安上了双层过滤网，减少了呛人的烧烤烟雾的排放。

（3）我们课题组的成员还带上了课题研究成果——“油烟过滤机”参加了“第六届全国中小学劳技教育创新作品邀请赛”，获得了重庆市小学组唯一的全国金奖。在邀请赛上，我们课题组的徐笠洁还获得了全国现场竞技优胜奖。

获奖同学

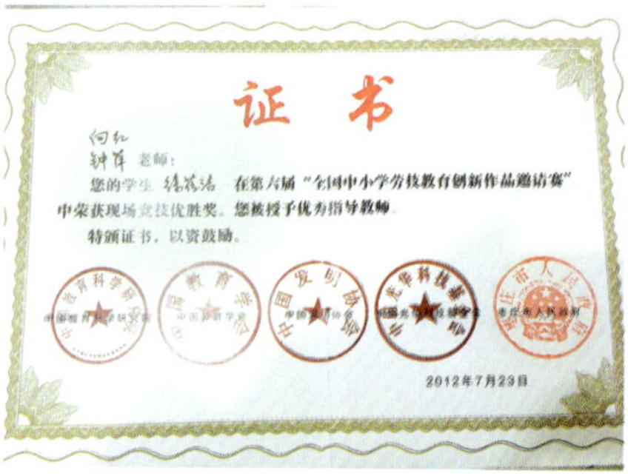

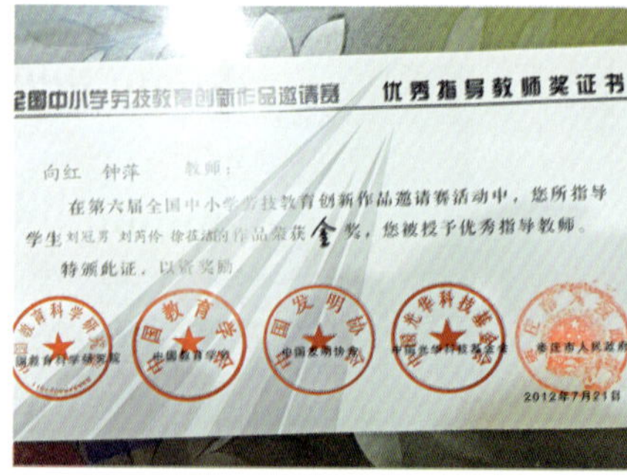

获奖证书

课题组成员：刘冠男　刘芮伶　徐笠洁等六年级学生
指导教师：向红　钟萍　廖敏　刘锋　宋燕

（四）环境保护

《污水净化，我们能成功吗？》研究报告

重庆沙坪坝区远祖桥小学五年级小课题组
罗成龙　范薇

一、问题的提出

（1）在我们校园的旁边，有这样一条小溪：听爸爸妈妈说，在他们小时候，这条小溪清澈见底，鱼虾成群。他们做饭、洗衣、种地，全都是用这条小溪里的水。

（2）几十年过去了，小溪依然在潺潺流淌，可是却悄悄地变了模样。现在的小溪，溪水浑浊，水体乌黑，其中不仅垃圾成堆，而且还散发出阵阵恶臭。

（3）通过同学们走访调查后发现，沿河两岸的工业污水、生活污水不经丝毫处理就被源源不断地排入溪中。

（4）于是大家聚在一起讨论，有什么办法可以挽救小溪呢？有什么办法可以让小溪的水重新清澈、恢复原貌呢？

（5）在老师的帮助下，小课题研究小组的同学提出了一个大胆的设想——污水净化。

校园旁哭泣的小溪

二、研究目标

（1）我们期望这条小溪恢复原貌，那这样的污水到底还能不能恢复清澈？

（2）我们通过这次小课题探究活动，想探寻净化这种污水的简易方法和过程。

（3）我们期望通过这样的活动，引起全校同学及家长对这条小溪的关注和保护，从而进一步关爱我们周围的环境。

三、研究过程

1. 实验准备

采集小溪中的污水。

2. 观察所采集的污水

水体浑浊发黑，水面上油星点点，其中还漂浮着很多杂质。

采集的污水样本

3. 实验第一步：想办法去除水中的杂质

（1）通过上网查阅相关资料，同学们得知在我国一些严重缺水的乡村地区，是通过在泥水中加入明矾这种物质获取饮用水的，因为明矾可以让悬浮在水中的污物沉淀下来。

（2）准备明矾，观察明矾。

（3）借助工具把成块的明矾磨成颗粒状。

（4）在每一盆污水中加入半勺明矾颗粒，并不断用玻璃棒搅拌，让它们在污水中充分溶解。

（5）实验现象：第二天，我们发现水底产生了许许多多的絮状沉淀，而污水则清澈了许多。

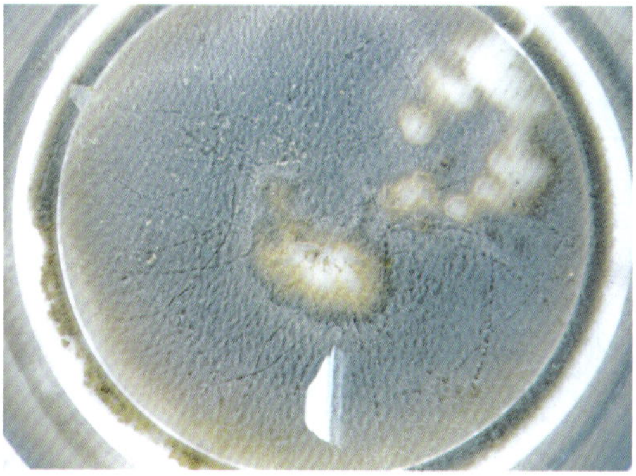

加入明矾后，产生絮状沉淀的污水

（6）分离水和沉淀物。

①讨论设计过滤装置。

②发明“简易过滤器”（如图：倒置大玻璃罩中填充多层过滤棉过滤，下面由大号胶头塞打孔、插入玻璃管导流，引入集水器——水槽中）。

③进行过滤实验。

④过滤完成以后，各种杂质留在了过滤棉上。

过滤、分离水中的杂质

⑤但是，新的问题又出现了。我们发现过滤后的清水水面漂浮着很多气泡，还不时闻到先前的那种恶臭。

⑥这说明水中依然存在大量看不见的污染物，所以我们必须去除水体中的化学污染物，并进行除臭处理。

4. 实验第二步：去除水中的化学污染物和臭味

（1）通过查阅网络资料，我们得知活性炭具有超强的吸附能力，故而常被人们用来清除空气或水中的化学污染物和各种臭味。

（2）准备活性炭，阅读活性炭的包装说明，观察活性炭。

（3）把成包的活性炭分别放入各个水盆中，让它们完全浸泡在水体之中，充分吸收水中的化学污染物和臭味。

（4）实验现象：两天以后，我们发现在水盆底部，尤其是活性炭的周围，居然出现了许许多多的白色物质。用手扇闻水面，先前那种刺鼻的恶臭居然一点也没有了！

再把活性炭置于水中

（5）我们取出活性炭，将其晾晒、干燥以后，可以清晰地看到活性炭表面出现了大量的白色粉末。

取出、晾晒、干燥后的活性炭

（6）通过第二次过滤，我们去除了水中的活性炭和白色沉淀。

5. 实验第三步：利用漂白粉对水体进行杀菌消毒

（1）通过查阅网络资料，我们得知水中还含有大量的细菌，自来水厂常用漂白粉来对水体进行杀菌消毒处理。

（2）准备漂白粉，观察漂白粉。

（3）在每一盆水中加入四分之一勺漂白粉，并用玻璃棒不断搅拌，让其尽快溶解。

（4）实验现象：一天以后，我们发现经过漂白粉处理的水变得更加清澈了！只是水底产生了很多颗粒很小的浅黄色絮状沉淀。

（5）除去这些颗粒更小的浅黄色絮状沉淀。

在水中加入漂白粉

①改造过滤装置，改进“简易过滤器”。（在过滤器底部、多层过滤棉下面再添加了三层空隙更小的医用棉）

②开展过滤实验。

③由于在过滤器底部添加了三层空隙更小的医用棉，颗粒细小的杂质大多都被拦截在了医用棉上，所以过滤的效果更好，过滤器的性能更加优良。

6. 实验结果

对比以前所采集的浑浊不堪、发黑恶臭的污水，经过三次处理、三次过滤以后净化出了非常清澈透亮的水——我们的实验终于成功了！

经过三次处理、过滤后的污水变清澈了

四、研究的结果

1. 实验所用材料的花费分析

(1) 用去明矾 20 克，价值 1 元。

(2) 用去活性炭 5 包，价值 50 元。

(3) 用去漂白粉 10 克，价值 0.5 元。

(4) 用去过滤棉 10 张，价值 10 元。

(5) 用去医用棉 1 包，价值 2 元。

(6) 其余各种工具的价格忽略不计，总共合计 63.5 元。

(7) 计算的结果让我们惊叹不已！20 升的自来水费用不到 8 分钱，而这 20 升的自来水被污染以后，按照我们的净化方法所需的费用却要 60 多元。这是 1000 多倍的差距啊！

2. 结论和感想

(1) 明矾能让污水中的杂质沉淀，活性炭能有效去除污水中的某些污染物和臭味，而漂白粉能让污水变得更加清澈透亮。它们都是处理污水的好材料。

（2）我们发明的过滤器虽然比较简陋，但是过滤效果不错，为我们实验的成功提供了极大的便利。在今后的日子里，我们还需要进一步改造过滤器，让它的性能更加优良。

（3）通过成本核算，我们深刻地感受到——净化一桶污水的费用远远高于购买一桶清水的费用！净化一桶污水的时间远远多于获取一桶清水的时间！

（4）我们呼吁同学们一起积极行动起来，保护水资源，节约水资源。

五、成果与影响

（1）我们通过这次小课题探究活动，引起了全校同学对校园旁边这条受污染的小溪的深切关注。

（2）同时，我们在全校集会活动上发出了“保护环境，人人参与”的宣传和倡议，激发了全校同学及其父母对身边环境的关爱和保护意识！

课题组成员：李欣怡　李雨珊　宋文韬　邓祥旭　蒙晨曦等

指导教师：罗成龙　范薇

（五）设计制作

《神奇的定格动画》研究报告

重庆沙坪坝小学课题组

一、课题提出

《小羊肖恩》《超级无敌掌门狗》是深受大家喜爱的定格动画片，第一次看的时候，我们觉得非常好奇：平时我们喜欢玩的黏土居然也可以拍成动画片，真是太奇妙了！它是怎样动起来的呢？需要些什么器材？我们能拍出这样的动画片吗？带着这些问题，我们成立了小课题研究小组，开始探索定格动画。

二、研究目标

（一）研究内容

了解定格动画的相关知识，实践探索定格动画的拍摄过程，并独立制作完成一部简单的定格动画影片，亲身体验拍摄定格动画的乐趣。

（二）研究方法

1. 收集资料

上网查找资料，了解定格动画相关知识，明白定格动画拍摄流程。

2. 请教专家

请教学校老师，学会使用制作定格动画的软件《会声会影》。

3. 实际操作

撰写剧本、分镜头脚本，拍摄定格动画作品《魔法奇幻秀》。

三、研究过程

（一）准备阶段

（1）确定研究课题：神奇的定格动画。

（2）组建研究小组：沙坪坝小学 5 年级部分学生。

（3）确定研究方案，全体参研人员共同商讨活动具体步骤，研究方法以及具体分工。

（4）知识贮备：全体参研人员。

通过实际观看定格动画代表作、上网查找资料、请教专家等方式了解定格动画拍摄与制作的相关知识。

我们正在讨论研究方案

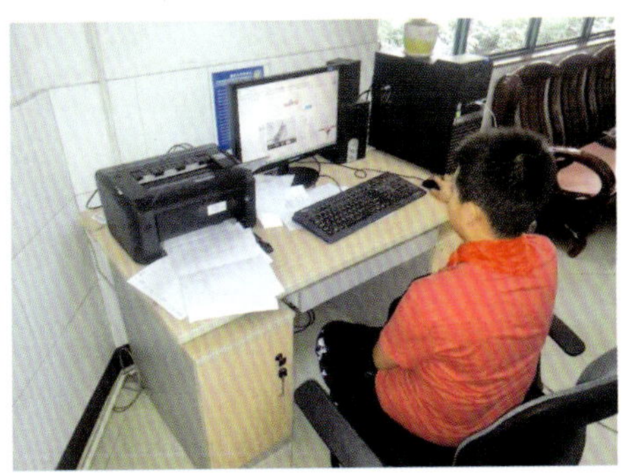

先上“万能”的百度请教请教

（二）查找资料

我们通过上网查找资料的方式了解到，定格动画是通过一格一格地拍摄物体，然后使之连续放映，从而产生仿佛活了一样的动态效果。它可以做出你能想象到的任何奇异场景，在数字特效产生之前，很多电影的特效镜头都是使用定格动画的方式拍摄的。而且，比起传统的手绘动画，它需要的器材也比较简单，只要有拍摄器材和一台电脑就可以自己进行制作。

（三）选择制作软件

我们请教了老师，得知一款叫作《会声会影》的视频制作软件功能强大，操作简单，非常适合初学者用来制作定格动画。在老师的帮助下，我们学会了使用《会声会影》的基本方法。

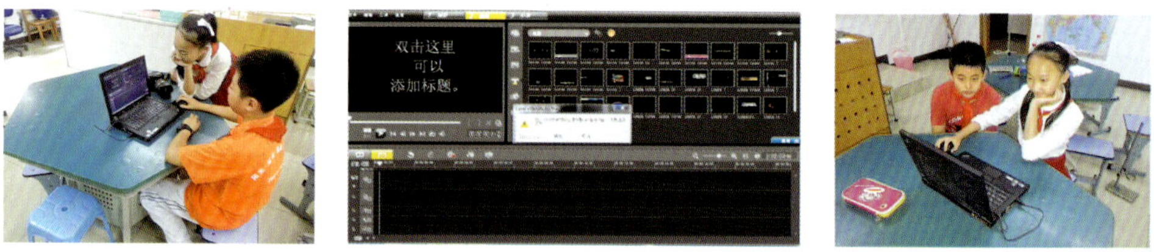

我们正在学习制作软件《会声会影》

（四）选择拍摄器材

选定制作软件之后，我们开始选择配套的拍摄器材。在这个过程中，我们试用了五种拍摄器材：电脑自带摄像头、外接摄像头、手机、单反相机和卡片机，它们各有优缺点。一开始我们使用了电脑自带摄像头，它可以与《会声会影》实时互动，直接采集照片自动编辑，最方便；但缺点是不能翻转，拍摄不到电脑对面的图像。为了解决这个问题，我们采用了外接摄像头，可以 360 度全景拍摄，但像素不高，只有 200 万，严重影响影片质量。于是我们又使用有 800 万像素的手机进行拍摄，虽然用上了自拍杆进行固定，但拍摄时还是容易晃动，导致照片模糊。后来，老师建议我们使用 2100 万像素的单反相机，可以使用三脚架进行固定，我们对它的期望最大。没想到单反相机像素太高，我们的电脑配置却太低，不能大批量处理照片，一会儿就死机了。最后，我们选择了佳能卡片机进行拍摄，它小巧，方便携带，可以使用三脚架固定，而且像素是 800 万，能够满足要求。

我们采用过的各种摄影器材

我们正在讨论创作剧本

（五）构思剧本

选定拍摄器材和制作软件后，我们开始构思剧本。大家发挥想象力，创作了多个剧本。但是场地和时间有限，很多剧本没办法拍摄。最后，大家一致决定，既要满足场景简单又要体现定格动画的神奇，就拍一场魔术表演，叫《魔法奇幻秀》！

（六）撰写分镜头脚本

在试拍时我们发现，定格动画需要一格一格拍摄，理论上每秒钟至少需要12张照片才能保证动作的连贯，这样的话每一个动作都必须分解成好几段来拍，因为漏拍一张都会导致动作不连贯。那怎样才能保证拍摄时不会出现漏拍呢？我们到网上查找了资料，原来除了剧本，还需要分镜头脚本。分镜头脚本规定了每个镜头的时间，场景变化和动作变化，甚至还要标注音乐和对话，是创作动画必不可少的工具。我们一边反复尝试分解动作，一边记录每个动作需要的照片数量，完成了分镜头脚本。

我们正在撰写分镜头脚本

（七）实际拍摄

按照分镜头脚本的要求，我们开始了拍摄制作。制作过程中我们发现，虽然理论上每秒钟需要 12 张照片，但实际拍摄中每张照片放映时间不同，人物动作的快慢就不同。时间太长，人物动作缓慢，不够连贯；反之则动作太快，令人眼花。所以，必须找到一个平衡点。

我们依次试用了每秒拍 4 张、5 张直到 12 张照片，发现每秒拍 8 张照片时人物动作快慢最合适。试拍多次之后，我们完成了这部《魔法奇幻秀》。别小看这短短的 2 分半钟的片子，我们足足拍摄了 1400 多张照片才制作完成呢！而中间因为相机抖动出现照片模糊、电脑死机等原因导致的重拍更是多达十几次，累计使用了 5G 的内存卡。我们一边拍一边总结经验，最后顺利完成了拍摄制作任务。

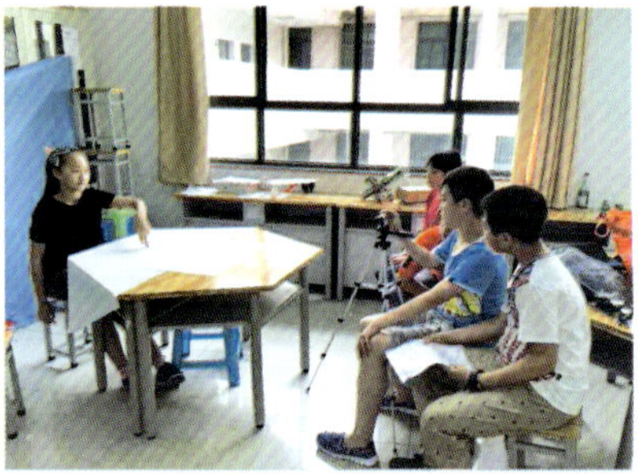

我们正在拍摄照片

（八）后期制作

拍摄获得了这些素材以后，我们开展了紧张的后期制作工作，精心地把我们的作品一步一步地完善起来。在后期制作中，我们专程赶赴四川美术学院，参观了动画专业学生毕业展。大哥哥、大姐姐们制作的精美动画真是让我们大开眼界。我们也带着自己的作品请教了动画专业的老师，得到老师的好评。老师还指导我们制作了片头和特效。

我们正在进行后期制作

我们正在请教专业老师

四、研究结果

通过《神奇的定格动画》小课题研究，我们都有了不少收获。我们学会了使用各种拍摄器材进行拍摄，明白了怎样布景，怎样调整光线明暗；学会了使用《会声会影》处理照片，制作成定格动画，还自己摸索出了一些小窍门。最后，在大家的共同努力下，我们完成了定格动画《魔法奇幻秀》。

五、成果与影响

通过本次小课题研究，我们发现，定格动画可以应用到很多地方，比如制作简单的电影特技。在学习中，我们也可以使用定格动画制作学习视频，比如数学中计算圆形面积的过程，语文中展示文字的演变过程等，希望在以后我们能拍摄出更精彩的学习动画，在学习中能用到它们来帮助我们取得好成绩。

课题组成员：张皓翔　陈佩玥　刘昱晋　金昊彦　阳季彤　马万里　郑宇佟　杨沛臻

指导教师：张健　张蕾　秦菊

（六）学科拓展一1

《草船借箭可行吗》研究报告

重庆沙坪坝区华新小学小课题组

一、问题的提出

五年级下学期，同学们学了一篇课文《草船借箭》。课文讲的是我国古典名著《三国演义》中的一个故事。主要描述周瑜为陷害诸葛亮，让他在十天之内造好十万支箭。于是诸葛亮在一个大雾之日将二十艘草船驶往曹营，曹操担心有埋伏，便令以乱箭射之。待日高雾散，他令收船急回。船轻水急，使他既安全借得箭又挫败了周瑜的暗算。当时我们每个人都为诸葛亮的神机妙算佩服得五体投地。可是有的同学也对草船借箭的具体过程与可行性产生了一些疑惑，提出了自己的质疑。经过收集整理，我们归纳出了两条让大家最困惑的问题。

（1）草船至少要离曹营 100 m 才能确保安全，可箭能射到相距 100 m 的草船上吗？

（2）二十艘船能承载十万只箭的重量吗？

为了知道这两个问题的答案，我们成立了课题研究小组，对《草船借箭可行吗》这一问题进行了探索。

二、研究目标

本次小课题以五年级下学期的课文《草船借箭》为依据，以同学们根据课文所提的问题“草船借箭可行吗?”为研究目标，在全校展开研究。具体是从弓箭的射程和船的承载量这两个问题入手，对课文中的经典内容提出质疑和证实。

三、研究过程

大家想自己动手来求证一下草船借箭可行吗？在探索的过程中，我们采用了做实验、查证、请教专家的方法。以下是我们的实验过程。

（一）第一个实验：箭的射程

第一次做实验时，首先在六年级选了体力较好的男、女生各 18 名来做射箭试验。结果，女生的平均射程为 20.5 m，男生的平均射程为 33 m。因为射程的远近和力气的大小有关系，所以男生射得更远。但是，他们还是达不到 100 m 的射程要求。于是我们又在网上查找了资料，发现箭的射程还与射箭的角度有关。为找到最佳角度，学生请教了一名物理老师。老师告诉我们射程分为最大射程和有效射程，射击的角度决定射程。我们还知道了 45°角时射程最远。

第二次做实验时，对于物理老师告诉我们的知识，我们自己动手做了实验求证。同学们分别从小于 45°、45°和大于 45°三种不同角度进行实验，同一个人射箭，采用老师教的 45°角的姿势确实射得更远，最远的一个同学能达到 60 m。但为什么我们还是射不到 100 m 呢？通过讨论，大家觉得：第一，我们是小学生，男同学的力气比古代弓箭手的小得多。第二，尽管我们掌握了射箭方法，却没有进行过专业的训练。为了更接近古代弓箭手，同学们请学校的两名体育老师进行射程实验。实验结果证明：弓箭能射到近 100 m。体育老师能射这么远，当时训练有素的军队加上制作精良的弓箭其射程当然也就远远不只如此。在现代，弓箭虽然不再用作武器，但仍然是一个体育项目。那些专业的运动员，还能把箭射得更远呢！

通过以上实验，我们知道了曹营的箭能射到离他们 100 m 的草船上。

射程实验

（二）第二个实验：船的承载量

箭的射程问题解决了，针对船能否承载那么多只箭的问题，我们进行了再一次探索。

通过查找资料，我们知道了在古代，普通弓箭的标准重量为四两。一艘船平均中箭 5000 只，也就是 2000 斤，即 1000 kg，再加上每艘船上的 30 个人。按那时的物资条件我们将每个人按 100 斤算，也就是说船至少承载了 2500 kg。

但是，诸葛亮使用的轻快船大概在 10 m 左右，我们到哪找这么大的船做实验呢？来自中学的物理老师给我们想了一个好办法，让我们用仿古船做实验。我们的船长 36 cm，宽 8 cm，高 10 cm，通过老师的演算得出结论：只要仿古船能承载 0.1165 kg 的重量，古船就能承载 2500 kg。我们把仿古船放进水里并放入 0.1165 kg 的砝码。大家看，船不会沉！由此可见，我们的草船能承载十万支箭。

船的载重实验

四、研究结果

通过同学们的猜想、查资料、请教专家和实践，我们证明了：

(1) 弓箭能射到距离曹营 100 m 的草船上。

(2) 二十艘船能承载十万只箭。

本次小课题研究通过对箭的射程与船的承载量两方面的研究，证明了草船借箭是可行的。在老师的帮助下，我们将小课题的研究过程与最后的结论做成了幻灯片的形式，在全校老师和同学面前进行了讲解。

五、成果与影响

我们将本次小课题研究过程和成果在学校进行宣传。同学们见我们勇敢地提出自己的质疑，并亲自动手验证，都大胆地把自己对课本上的困惑说出来交给了我们，而且有的班级还为此专门成立了自己的研究小组呢。事实上，同学们对课本上的内容都有不少疑问，例如《南辕北辙》里说地球是圆的，那人最终也会到达同一个地点，为什么文中说到不了呢？司马光砸缸是救人的最好办法吗？春雨到底是什么颜色？因为以前过于相信课本的权威性，同学们便不敢质疑，只是把困惑默默地藏在心里。见此情形，我们把每个年级同学的提问收集起来并进行分析、研究后发现，不同年龄段的同学提出的问题角度和层次都不同，很有深入探究的价值。于是，我们便展开了“争做小小研究家”的活动。老师表扬我们在探究的过程中善于发现，找到了更有研究价值的课题。爸爸、妈妈们也觉得通过小课题研究，我们的学习积极性更高了，也更愿意自己动脑筋解决问题了。这些称赞给了我们极大的鼓励与信心。下一次我们还准备就“如何挑选有研究价值的问题”再次进行探讨、研究，将探究精神发扬下去。

展示研究成果

（六）学科拓展—2

《会唱歌的玻璃杯》

重庆沙坪坝区磁器口小学

一、问题的提出

我们是一群喜欢音乐的孩子，在网上搜索音乐视频资料的时候，无意中看到了一组以敲击玻璃杯演奏美妙音乐的视频，觉得太神奇了。就想，自己能不能也用玻璃杯演奏出好听的歌曲呢？让玻璃杯发出这些美妙声音的原理又是什么呢？许多的问题引发了我们强烈的好奇心，驱使我们开始了《会唱歌的玻璃杯》小课题研究。

二、研究目标

生活中普普通通的杯子可以敲击出好听的音乐，这里面一定蕴含着有趣的科学原理。我们的研究是选取了生活中常用的玻璃杯和敲击工具，在敲击、调试中去了解玻璃杯发出不同声音的科学原理，通过动手调试玻璃杯的音色，训练我们的动手、动脑能力，丰富我们的知识和课余生活，解决我们的疑问。所以，我们的研究目标确定为：

（1）了解玻璃杯发出不同声音的原理。

（2）动手调试玻璃杯的音色，训练动手操作能力。

（3）丰富我们的知识，解决我们的疑问。

三、研究的过程和方法

因为我们的研究内容跟音乐有关，所以我们把自己的想法告诉了两位音乐老师，老师非常支持我们，并联系了学校科学老师一起来指导我们怎样开展小课题研究活动。

（一）成立研究小组

首先我们把有相同兴趣和想法的同学组织在一起，成立了《会唱歌的玻璃杯》小课题研究小组。

组长是曾佳艺、姚嘉媛，组员有孙梦利、金拥君、冉华梅、夏爽、涂仁耀、袁麟童，共8人。

（二）研究途径和方法

在老师的指导下，我们知道了开展小课题研究，要通过前期调查、资料查找、动手实验、归纳总结等过程。经过学习，我们确定了研究途径和方法。

研究途径：

（1）设计问卷、开展调查；

（2）查找资料、了解原理；

（3）动手实验、反复调试；

（4）记录过程、归纳总结。

研究方法：调查法、测量法、对比法、记录法等。

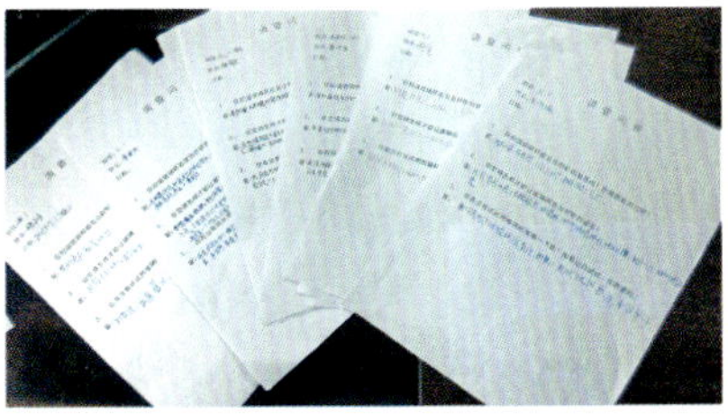

（三）研究任务分工

姚嘉媛、袁麟童——负责将收集、查找的资料汇总，制定研究方案。

孙梦莉、曾佳艺——负责设计研究过程记载表和研究报告的撰写。

冉华梅、夏爽——负责设计调查问卷、分析数据，并整理研究过程资料。

金拥君、涂仁耀——负责收集研究用的玻璃杯和敲击工具，并承担每次研究过程记载任务。

（四）研究时间安排

为了保证正常的学习不被耽误，我们安排每星期一下午（2+2 活动时间）和星期四下午，由组长带领全组同学进行课题研究。

第一阶段：找到合适的敲击工具和玻璃杯，调试出简单的音进行演奏。

第二阶段：提高调试难度，演奏出更多乐曲，发现并归纳总结研究成果。

（五）我们的研究过程

1. 设计问卷，展开调查

为了了解同学们对这个问题的认识，我们制定了调查问卷，对 4—6 年级同学随机发放了 50 份调查问卷。经过调查，我们得出了如下统计结果：

调查问卷分析表

问题	肯定	百分比	否定	百分比
玻璃杯可以演奏音乐吗？	47	94%	3	6%
怎样演奏出音乐的？	29	58%	21	48%
你尝试过演奏吗？	2	4%	48	96%
你愿意尝试吗？	50	100%		

这个调查结果坚定了我们开展研究的信心。

2. 查找资料，了解原理

为了让我们的研究有理论支持，我们在网上和课外书籍中去查找资料。通过资料的综合整理，我们知道了：

（1）敲击玻璃杯发声的原理是：由玻璃杯的振动经过水面上部到玻璃杯口与之间的空气共振而发出的，具体声音的音调高低是由气柱的长度即共鸣腔的长度来决定的。

（2）对是不是所有的玻璃杯都能演奏这个问题，我们得到的结论是：所有玻璃杯都能发出声音，但玻璃杯的大小、高矮、厚薄、材质等都会影响演奏的效果。

（3）如何才能调试出不同的音高：因为水杯在水面以上的空气柱长度不等，其振动所产生的声音的频率也就不等。简单说就是玻璃杯里的水越多，空气柱越短，声音越低，越浑厚；玻璃杯里的水越少，空气柱高，产生的声调越高，越清脆。因此，可以通过在玻璃杯中添加不同的水量来调试出不同的音高。

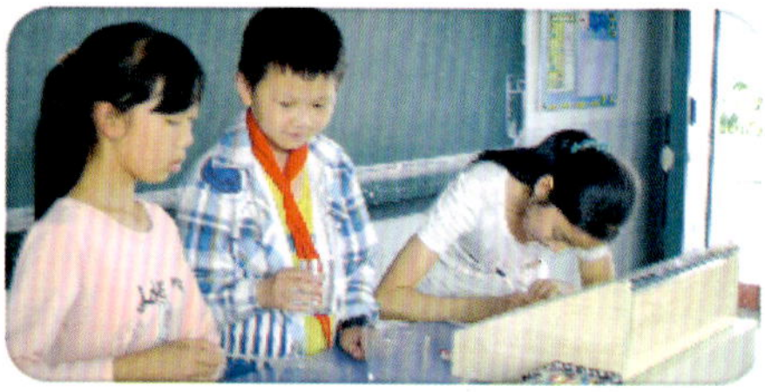

3. 动手实验、调试音高

紧接着，我们小组开始了选择玻璃杯和敲击用具来进行音高调试实验。首先，我们每个人从家里带来了玻璃杯和各种筷子，用大小不同的玻璃杯进行音高调试。我们发现，不同的玻璃杯发出的声音真的不一样，不一样的敲击工具敲出的音效也不一样。比如：同学们从家里带来的玻璃杯，其大小、高矮、玻璃厚薄不一样，我们很难调到想要的音阶。我们用了竹筷子、木筷子、不锈钢筷子、笔筒等作为敲击工具，不同的物品敲击的音效差别很大。

为了解决这些难题，我们又去询问了指导老师，老师按照我们搜集的资料给我们建议是：

（1）用大小相同的杯子进行初期调试，这样可以很好地观察到玻璃杯里空气柱的长短变化带来的音的变化。

（2）用我们大家都觉得敲击声音最清脆悦耳的不锈钢筷子做敲击工具，并确定轻握筷子一端，从上往下轻敲的手法。

（3）用每个同学都有的口风琴协助找准音高。

解决了遇到的难题后，我们采取测量法控制杯中的水量（空气柱的长短），详细记录不同空气柱代表的不同音色、选择对比不同的杯子的音色、利用口风琴找到音准进行反复调试；从最开始 do、re 2 个音到最后我们调出来 do、re、mi、fa、sol、la 6 个音了，可以演奏简单歌曲了。通过第一阶段的研究，我们用调试出来的音演奏出了《闪烁的小星》《粉刷匠》等几首简单的歌曲。

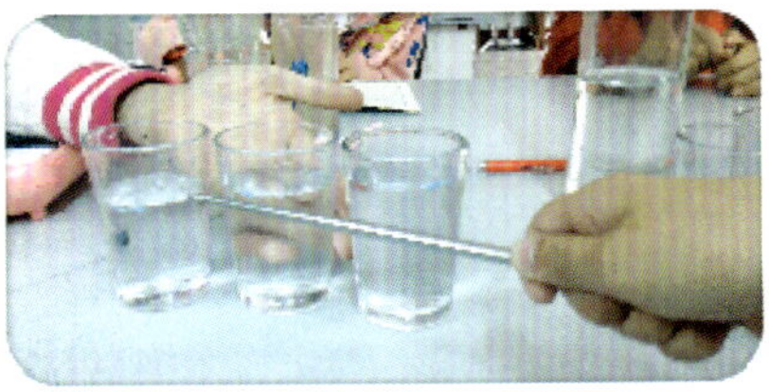

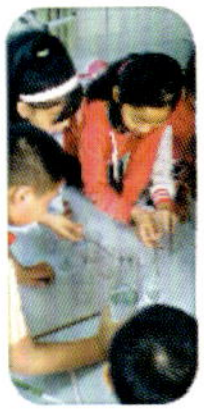

4. 深入实验，发现总结

在调试出能演奏出简单歌曲的 6 个音符后，我们还不满足，还想演奏难度更大的歌曲，如《小雨沙沙》《赛船》《小苹果》等。于是我们又开始第二阶段的实验。在这一阶段的研究中，我们发现大小一样的杯子，限于杯子的口径大小、空气柱长短一样，调不出更多的音。在老师的指导下，我们反复观看网上的视频资料，发现他们演奏的玻璃杯，选用了大小不同的杯子，但是这些杯子的质量看上去一样。所以，第二阶段，我们选择了和第一阶段杯子质量相同、口径大小不同的杯子进行调试。知道了：口径小的杯子敲击时空气震动快，音会偏高，反之音会偏低的道理。经过反复实验，我们调试出了低音 sol、la、xi 和高音 do、re。终于，我们演奏出我们喜欢的有一定难度的歌曲了。

四、研究结论

通过实验我们发现，玻璃杯要发出好听的声音和以下几个条件有关：

（1）玻璃杯的大小；

（2）添加的水量；

（3）敲击的姿势和力度。

这些情况都可以影响空气柱在玻璃杯中的振荡频率，影响演奏的效果。同时，相同大小的玻璃杯声音频率大致相同，要调出更多更丰富的音，需要用大小不同的杯子进行调试。

对此，我们的研究结论是：由于不同长短的空气柱振动的频率不同，发出的音高就会不同。所以，采取添加水量的方法控制玻璃杯中空气柱的长短变化，就能让玻璃杯按要求演奏。

在得出研究结论后，老师又指导我们用口风琴协奏、打击乐器伴奏、舞蹈律动配合等形式，使我们的“玻璃杯”演奏展示很有艺术效果呢！

五、成果与推广

在 2015 年 4 月到 2015 年 10 月这 7 个月的研究过程中，我们形成的过程资料有课题方案、计划、研究报告和调查问卷集、数据分析表、收集的文字资料集、实验日记、课题感悟、研究过程视频和照片集等。通过这个课题的研究，我们了解了玻璃杯发声的原理，掌握了调试的方法，成功地演奏出了歌曲。课题研究使我们尝到了研究的乐趣，懂得了合作的重要性，发挥了学习的主动性和创造性，培养了我们发现问题、解决问题的能力。

在研究中，我们得到了很多老师、同学的支持和关注，他们给我们提出了一些新颖的想法。例如，为什么不能用碗或其他容器试试呢？用水以外的液体调试不可以吗？能不能不用敲击用具敲击，而直接用手摩擦玻璃杯发出声音呢？这些问题让我们觉得我们的研究只是窥到了这类知识的冰山一角，等待我们研究的内容还有许多，还需要更深入地进行挖掘。

现在，我们打算把研究的成果运用到音乐课堂上，比如为歌曲伴奏、即兴表演、同学们创编音乐歌曲等。我们还希望以此引起同学们的思考，开始更多的小课题研究。

课题组成员：曾佳艺　姚嘉媛　孙梦利　金拥君　冉华梅　夏爽　涂仁耀　袁麟童

指导教师：谢佳　陈黎　吕竟

后　记

15 年了，一直想出这本书，是因为有一个信念——中国的小学生一定能学会做课题研究。

十几年前，我读到了黄全愈博士的一本书——《素质教育在美国——留美博士眼里的中美教育》，其中的故事至今仍历历在目："儿子矿矿还在上小学二年级时就开始搞'研究'了，从图书馆抱着的十几本儿童图画书开始，完成了他有生以来的第一份研究报告：《蓝鲸》。论文是由三张活页纸钉起而成的。第一张是封面，上面画着一只张牙摆尾的蓝鲸。蓝鲸的前面还用笔细细地画了一群慌慌张张逃生的小虾；在封面的左下方，工工整整地写着'By Kuang yan Huang'。中文的意思是，作者：黄矿岩。论文含四个小题目：（1）介绍；（2）蓝鲸吃什么；（3）蓝鲸怎么吃东西；（4）蓝鲸的非凡之处。我不知道矿矿是怎样决定这些小标题的，也不知道他为什么对蓝鲸的饮食问题这么感兴趣。总之，老师要求至少写三个题目，矿矿完成了四个。好歹也算超额完成任务了。小标题下的正文不过一两句话，既没有开篇段，也没有结论段。读起来倒也是开门见山，每句话也能画龙点睛般地点到为止。"也就是从那时起，我就决定组织我的学生开展小课题研究。直至 2002 年，我和夏茂琴等几位老师指导的几名学生的课题成果获得重庆市首届青少年创新大赛的两个一等奖之后，我便把让树人小学的学生都学会做小课题研究作为我的使命。到 2011 年时，我们已经能用每周 50 分钟的教学时间，达成超过 60％的学生到小学高年级时已能够自主进行小课题研究。不过，这个成绩只是勉强及格而已。

综合实践活动课程目前仍有很多问题有待研究解决，但它能够，也应该被纳入课程教学系统，进行校本化实施。虽然综合实践活动是一门新兴的尚待成熟的课程，它暂时没有一种相对固定的实施方式；虽然课程本身有内容体系的问题，有能力目标进一步具体化、层级化的问题，有如何更加科学地检测学生能力的发展、评价学生的学习成果的问题；虽然因课程的质量标准难以量化致使课程成绩尚未大面积进入中、高考；虽然课程资源仍比较缺乏，实施难度很大；虽然它与学科课程存在很大差异，很多教师不会指导致使学生不愿意参加；虽然学生外出实践可能带来安全隐患致使校长承担压力……但是，这门课程的价值难以替代。作为校长，我不能忘记我的责任，我不应摇摆不定，不应犹豫观望，而应坚定地做出选择，勇于担当！正如陶行知先生曾说的那样："要想完成教育的使命，属于什么计划、方法都是次要的，那超过一切的条件是同志们肯不肯把整个的心献给儿童！"

这本书的出版虽不能解决上述所有问题，但相信它对于引导孩子们参与课题研究，供教师在课堂上指导学生做课题研究有直接参考价值。在此，感谢沙坪坝区树人小学杨志渭校长、邓红副校长、融会沙小的廖娟副校长、实验一小王婧副校长、大学城一小钱俊副校长，还有树人小学贺敏主任、夏茂琴、田验、李承真、王一、谭索、汪姝、陈菡、张霞等老师，为学校试点、小课题研究进课堂等工作做出的卓越贡献；感谢沙坪坝区进修学院的马锦、欧阳春玲、余朝利等教研员，为区域推进小课题研究做出的卓越贡献；感谢重庆市教育科学研究院副院长李常明研究员、教研员曹雷老师，为小课题研究推向全市、走向全国做出的卓越贡献；感谢西南大学李森教授为小课题研究相关理论提炼做出的悉心指导；感谢所有为本书出版付出辛劳的同仁、朋友！

袁　宇

2016 年 2 月

主要参考文献

[1] 仇忠海，霍益萍．开放性主题活动课程［M］．上海：上海社会科学院出版社，1999.

[2] 张华，李雁冰，等．研究性学习的理想与现实［M］．上海：上海科学技术教育出版社，2004.

[3] 国务院学位委员会办公室．同等学力人员申请硕士学位教育学学科综合水平全国统一考试大纲及指南［M］．北京：高等教育出版社，2005.

[4] 姜平．综合实践活动课程的整体推进与校本化实施：综合实践活动课程的常态化与有效实施策略［M］．北京：首都师范大学出版社，2006.

[5] 张华．综合实践活动课程研究［M］．上海：上海科技教育出版社，2007.

[6] 日本文部科学省．小学校学习指导纲要［M］．日本：［出版者不详］，1998.

[7] 李森．现代教学论纲要［M］．北京：人民教育出版社，2005.

[8] 郭元祥．综合实践活动：校本开发［J］．网络科技时代，2007（23）：8.

[9] 张华．让儿童自由探究生活——关于深化“综合实践活动课程”的思考［J］．网络科技时代，2007：9.

[10] 易娜．从教育经营学的视点探讨日本的综合学习时间与中国的综合实践活动课程［J］．网络科技时代，2007（23）：8.

[11] 八尾坂修．日本的学校教育改革的动向：课题与综合学习时间［J］．网络科技时代，2007（23）：7.

[12] 郭元祥．综合实践活动：目标及其生成［C］．综合实践活动课程“无锡会议”讲稿，2008.

[13] 李坤崇．台湾综合活动学习领域课程纲要之修订、困境与展望［C］．综合实践活动课程“无锡会议”讲稿，2008.

[14] 张华，李芒，柴西琴，胡兴宏．综合实践活动课程资料选编［C］．上海：［出版者不详］，2001.

[15] 胡兴宏．关于学校实施研究性学习的构想［J］．上海教育科研，2000（1）．

[16] 台湾图书馆出版品预行编目资料．国民中学团体活动课程标准，国民中学家政与生活科技活动课程标准，国民中学课程标准［C］．台湾：［出版者不详］，1994．

[17] 霍益萍．研究性学习对教师的挑战和要求［J］．教育发展研究，2001（5）：19－21．

[18] 李臣之．综合实践活动“主题设计”探讨［J］．教育研究，2002（4）：62－66．

[19] 钟启泉．综合实践活动：涵义、价值及其误区［J］．教育研究，2002（6）：42－48．

[20] 袁宇．学生小课题研究及其辅导实验研究［J］．创新学习，2006（2）．

[21] 综合实践活动指导纲要（送审稿）［EB/OL］．http：//blog．sina．com．cn/s/blog_4160216d01009ohj．html．

[22] 郭元祥．实施综合实践活动课程的十大关系［R/OL］．www．ipac．cersp．com/LLDH/GYJD/200510/72．html2007．9．

[23] 郭元祥．实施综合实践活动课程的十大理由［R/OL］．http：//www．chinazhsj．com/cc/lldh/200909/2716．html．

[24] 郭元祥．综合实践活动课程实施的现状分析与问题思考［R/OL］．http：//www．chainazhsj．com．

[25] 黄全愈．孩子能不能搞研究［R/OL］．www．people．com．cn/GB/channel7/498/20000412/．

[26] 刘磊．实践能力由哪些核心要素构成——来自对30位“实践高手”的跟踪访谈［R/OL］．www．chinazhsj．com．

[27] 项红．小学生探究性学习的实践研究——阶段报告［R/OL］．www．ccejpkc．ecnu．edu．cn/dedu．